JN039959

実践と理論に基づく

「わらべうた」から始める音楽教育

幼児の遊び

実践編　下巻

佐賀コダーイ芸術教育研究会
十時やよい　著

明治図書

★ はじめに ★

　「幼児のわらべうた」実践編の後半「人間になる」をここにお届けできること，嬉しく思います。

　日々，子ども達と「わらべうた」を通して，遊び，教えられ「わらべうた」の深さ，豊かさ，を知っていたつもりでしたが，こうやってまとめた時「なんと無茶なことを始めたのか」と思いしらされました。理論と実践を，分けないととても無理，と先ず理論を書きました。さて実践を，と書きだしましたら限りがありません。「わらべうたの森」の中で，迷子になりそうでした。森の中から，少しずつ摘み取ってきた花々を花瓶ともいえない器に，とにかく挿して水をいれました。上巻と下巻に分けました。分けたことで「人になる仕上げ」と「人間になる準備」の違いが，見えてきました。

　子ども達は，なんと賢いのでしょう。人間の作り出す世界の，社会の成り立ち，あり方，そのルールなど，根源的なものをしっかり感知して，そのモデルとなる遊びを作り出していました。そして，その様々なルールを遊びとして疑似体験し，生きて行く力や知恵を手にいれていたのです。現実では許されない失敗も，遊びのなかでは互いに笑い飛ばし，もう一度，もう一度と，繰り返して，その知恵や技術を習得する体験をしたり，時には自分には無理なことを納得したり。そう，そんな中で，どの子も凸凹なのをしっていき，「自分は自分」と前をむくのです。

　そんな「わらべうた」を子ども達に手渡すために，幼児の遊び「理論編」「実践編上巻」と共に，この「実践編下巻」も活用していただけたら，とても嬉しいです。子ども達と遊んだ，その時の発見や喜びを，どこかでお会いして分かち合える日を，楽しみにしています。

十時やよい

目 次

※ファンタジー遊び　(1)鬼きめ　(2)しぐさ遊び　(3)歩きの遊び　(4)昔遊び　(5)鑑賞曲　(6)文学
は『実践と理論に基づく「わらべうた」から始める音楽教育　幼児の遊び　実践編　上巻』
に収録しています。

第4章　音楽教室での課業とカリキュラム

第1章

「うたのある」暮らし

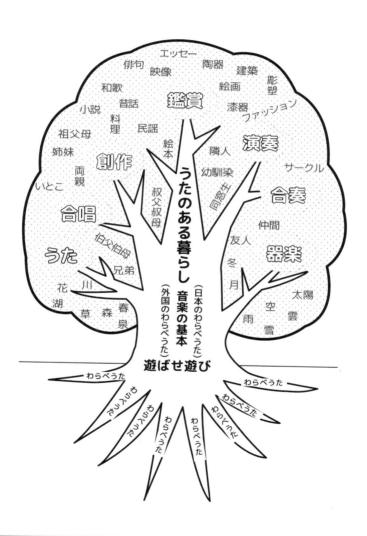

自然は，厳しくもあり，美しくもあり，豊かであり，様々な教えを伝えて
くれます。命の種があり，根を張り，芽を出し，葉をつけ，伸び，花をつけ，
実をつけ，種をうむ。植物には植物の育ち，があり，動物には動物の育ちが
あります。その単純なルールの上に，なんと豊かな変化が，多様さがあるの
でしょう。動物である人間も，なんと豊かな多様さをもっていることでしょ
う。自然の中で，人との交流の中で，それぞれの日々の暮らしを続けていき
ます。

　毎日の同じような日々の暮らしの中に，なんと多くの小さな変化があり　な
んと多くの感情，感動，表現，それぞれの「うた」が生まれてくることか。
　陽射しの傾き，風の冷たさ暖かさ，道端の野の花，木々の緑，そして紅葉…
　子どもの動き，発することば，声の変化，背丈の変化，まなざしの確かさ，
両親，祖父母，友人の，生き方，歩き方，皺の数，いとこ達の成長
　それは，かつて通ってきた道であり，今から進む道です。
　そこには，確かな命の受け渡し，があり
　その中に「私」がいるのです。
　「あなた」がいるのです。
　「子ども達」がいるのです。

　子どもの日々，若者になり，大人になっても，年をとっても，365日，毎
日「一つの喜びと出会える」暮らし！
　ちょっとした変化，ちょっとした発見，ちょっとした不思議。
　その小さな「喜びのうた」を歌える暮らし！
　それは，誰かがくれるものではありません。
　気付く目，感じる心，喜ぶ心。
　365日　毎日　「一つの喜びを見いだす心」
　そんな「こころ」の「種」

それが，子ども達自らが，遊び歌い継いできた「わらべうた」

「わらべうた」をいっぱい遊んで
子ども達が，様々な「豊かな心の種」を受けとって，
大人への入口に立つ（発つ）ことができますように。
そして，日々，小さくても美しいものを見つけつつ，
生きていくことができますように！

◆「人間になる」

　乳児期には遊ばせ遊びを通して，「愛着関係」と共に五感を開いて「人になる」種をいっぱい**全身で受け止めて**きました。幼児となった３歳からは，その種を自らの**全身を使って**「人になる」仕上げをしていきます。

　上巻に紹介した～ファンタジー遊び・鬼きめ・しぐさ遊び・歩き～は，繰り返し繰り返し遊ばれ，自動化（無意識にもできる行為）されて，それぞれの子の人生の，太く丈夫な根となっていきます。同時に，群の中で育ち生きていく，「人間になる」体験が，始まります。

　「私とあなた」という対等な１対１の関係から，**「少数と多数」**という関係に広がり，**「個人と社会」**という大きな枠組みの中へ，私たちの生きている世界，生活の場である社会に出て行きます。**下巻の「わらべうた」は，そんな生活の営みを，遊びの中で疑似体験していくものです。**

　遊びの中で，感じ，考え，一つずつ選んでいきます。一緒に遊ぶ？　誰と遊ぶ？　今日は遊ぶ？　明日は遊ぶ？　私は選んでないのに，勝手に来る人，来るもの，来る年月，するべきこと。

　遊びの中で味わう，喜び，楽しみ，哀しみ，悲しみ，悔しさ，劣等感，満足感，達成感，優越感，など，ありとあらゆる感情を，遊びの中で体験しま

す。と同時に，全ての人が，同じような気持ちを体験すること，今日と明日との結果が逆転する体験をすること，何度も何度も遊ぶ中で結局＋－０になること，も体験します。

　また，遊びの中で自分の感情に気付き，自分を知り，自分をコントロールする仕方も学んでいきます。小さな失敗や躓きを，遊びの中でしては，次の時に挽回できる体験もします。数人やグループで，時にはクラスで，年長さん全員で，共に歩いたり，美しい絵を描いたりする喜びも体験します。そうやって，**「私」という，一人の人格を子ども自身が育てていくのです。**

　さあ，そんな豊かな体験ができる「幼児のわらべうた遊び」を，始めましょう！

《本書の読み方》
・『「わらべうた」から始める音楽教育　幼児の遊び』は，
　「理論編」「実践編上巻」「実践編下巻」の
　３冊構成になっています。
・本文中の「理論編 p.○〜○」「上巻 p.○〜○」の表記は，それぞれ『実践と理論に基づく「わらべうた」から始める音楽教育　幼児の遊び　理論編』『実践と理論に基づく「わらべうた」から始める音楽教育　幼児の遊び　実践編上巻』の対応ページを記載しています。
　是非そちらもあわせてご参照下さい。

第2章

まず　実践しましょう！
その為に

（1）　わらべうた遊びの分類表（年齢別）

3歳の遊びは，全ての基礎。歌と動きを明確に，注目する習慣を（自由参加）

4歳の遊びは，歌と動きで先の予想ができるように（基本的参加）

5歳の遊びは，歌と動きと言葉から理解できるように（全員参加）

幼児用　わらべうた　遊びの分類表

①新訂　わらべうたであそぼう（明治図書）　乳児編　年少編　年中編　年長編
②いっしょにあそぼう　わらべうた（明治図書）　０・１・２歳児クラス編　３・４歳児クラス編
③わらべうたあそび（明治図書）　　　　　　　　春・夏編　秋・冬編
④音楽の理論と実践（明治図書）廃版
⑤たかぎ　としこ（高城敏子）編・著（明治図書）(1)うめぼしすっぱいな(2)すくすく子育て(3)いきいき保
⑥うたおうあそぼうわらべうた（雲母書房）

鬼きめ

	3歳　　　前半	後半	4歳　　　前半
2つ （比較）	あてぐっちょ⑤(2)		オエビスダイコク①②⑥
多数 （選択）	ドノコガヨイコ①② せんべせんべ①② イッポデッポ②	げたかくし① つぶやつぶや⑥	いなかのおじさん①長② イップクデップク④ しおせんべしおせんべ③春
3の数 10の数	いっちょぎっちょ⑤(3) （跳ぶ）	ひふみよー匁⑤(3) 3匁まで（お手玉上げ）	ひふみよー匁⑤(3) 5匁まで

学童　　　　　いっぽでっぽななほ⑤(1)(2)　いちずににずつく③春

しぐさ遊び　2歳　いまないた・なべなべ・ももや・かれっこやいて・雲のおばさん（5ヶ月）

	3歳　　　前半	後半	4歳　　　前半
一人	＊肩から動作 たこたこあがれ①②⑥布 うえからしたから①布 ぶーぶーぶー①② ふしゅふしゅカピラ⑤(3) ちょうちょちょうちょ⑤(3) なべなべ①② ＊腕返し ドドッコヤガイン①中⑥ ダイコンツケ② ＊腕の開き ケムケム①乳 ＊手首返し コメコメコッチヘコウ① ＊足付け根から ゴンメゴンメ① オヒサン②④ ＊膝のりの縦ゆれ ユッサユッサ①長	＊肩から動作 しゃんしゃんしゃん②④⑥ オテントサンテヌグイ① ななくさなずな① ハタハタオレヨ①布 ももやももや①布 センシュカンノンサン①布 すってんてれつく⑥ ＊肩から腕の突き出し ドッチンカッチン①② コドモカゼノコ① チビスケ①中 ＊手首返し けむりけむり⑥ ＊全身を小さく大きく なべぇおおきぐなれ① ＊自分の手の甲を交互摘み いちばちとまった①②⑥	＊しゃがみ跳び キャーロノメダマ③夏⑥ ＊両足跳び（幅跳び・跳び下り） なこかいとぼかい⑤(1)(2) ナコウカトボウカ①乳 雨たんもれ ＊顔の指差し オーヤブコヤブ④

（※年齢別の①②は、該当年齢以外の時のみ掲載本の年齢を明記）
５歳児クラス編

（※各掲載本の(1)(2)(3)を明記）布＝布を使う遊び

後半	5歳　　　前半	後半
	おてぶしてぶし②	
	どっちどっち①少中②	
いっぽでっぽだまよ⑤(1)(2)	ろんろばちゃろ①	いものにたの②④⑥
いっぽでっぷ③秋	つぶつぶむぎつぶ⑤(1)(2)(3)	じょうりきじょうりき②⑥
ぜんじゃらぼうじゃら①②	イッチクタッチクタエモンサン①	いっちくたっちく①②
		クリノキバヤシノ②
イップクタップク①乳②	イチニノ①②	ちゅうちゅうたこかいな①
		（2×5）

後半	5歳　　　前半	後半
＊両足跳び	祭り	
スズメチューチク④⑥	＊太鼓たたき・行進	
＊太鼓たたき	あめたんもれ⑥	
ゆきこんこん①乳	ゆきこんこん①乳	

2人以上	せりせりごんぼ⑥ たんぽぽ②③春 キツネンメ③秋冬 オフネガ①②⑥	せっくんぼ①乳②⑥ まめっちょ③冬（円の中跳び） オニサノルスニ②４歳④	いたちごっこ②２歳⑥ かなへびこ⑥（ひも跳び）
2人組	＊肩から手振り たけんこ①② このこどこのこ①② ＊手の縦ふり カクカクカクレンボ①少 ＊肩から動作 ととけっこうー①・②乳 にぎりばっちり①② コドモカゼノコ① ドッチンカッチン①②	＊肩から手振り ももや① ＊肩から動作 ウッツケウッツケ① ＊肩から腕の突き出し チビスケ中① ＊足裏あわせ カッテコ①② ＊舟こぎ オフネガ①中長②⑥ ＊手あわせ＋握手 たんじたんじ③夏	＊舟こぎ ムギツキコッテンショ②④ ごいごいごいよ⑥ ＊尻ばい カッテコ①② ＊手あわせ むかえのおさんどん②0歳③秋 ＊手振り＋縦回転（２回で１回） なべなべ たけんこがはえた①少
釜送り		＊自由隊形 まめがらがらがら③秋	＊自由隊形 こりゃどこのじぞうさん①少
二重輪			このこどこのこ①② にぎりばっちり①② たけんこがはえた①乳・②３歳 なきむしけむし①少
一重輪	なべなべ①②（名前呼び）		なべなべ①②（名前呼び継ぎ）

学童　どうどうくんど③夏　オテグルマ①長　ユスッテユスッテ①長　ドウチュウカゴヤ①長　コリャダレ

からかんご（籠のせ）⑥ せっくんぼ①乳②3歳⑥ （2人組）	＊山つくり オーフグコフグ④	せっくんぼ①乳②⑥（グループ）
＊舟こぎ（引き切り） こいこいこびきさん⑤(3) キッコノコビキサン①長 ＊背中のせ ギッタンバッタン③冬 ＊立ち座りシーソー コメツキアワツキ②長 ＊手振り＋縦回転（2回で1回） これのこんぐりどは④ ＊背中のせ コメツキアワツキ①長	＊舟こぎ ギッコンバッコン①② ＊背中のせ こめつけあわつけ⑥ ぜんかいぜんかい⑥ ＊立ち座りシーソー たっちょいびっちょい④ ＊臼曳き キッコーマイコー⑥ ＊にらめっこ だるまさん⑥ ＊手あわせ オモヤノモチツキ②③	＊背中のせ キッコンマッコン③冬 ばったんばったん①長 ＊立ち座りシーソー ぎっこんばったん④ ＊臼挽き キッコバッコ②乳 きっこーまっこー⑤(1)(2) ＊顔遊び すってんてれつく⑥ ＊にらめっこ 恵比寿さんと大黒さんと⑥ ＊地固め 十日夜⑥☆
＊自由隊形⇒円おくり オニサノルスニ②④ おはいりおはいり④ ＊円おくり おらうちのどてかぼちゃ②⑥ あんまんだぶり②④	＊自由隊形 かごかご16もん①乳 ＊円おくり オニサノルスニ②④ ゆびきりかまきり① ゆすってゆすって⑥	＊円おくり じごくごくらく⑤(1)(2) まめがらがらがら③秋
ぶーぶーぶー①② ウッツケウッツケ①少 オテントサン（テヌグイ）① ＊横回転 おおなみ（こんまい）②④	ばかかばまぬけ①②	むかえのおさんどん②③秋 となりのもちつき⑥ オモヤノモチツキ②③冬 ひとやまこえて③冬
	＊手あわせ たんじたんじ③夏 ＊縦横回転 なみなみわんわちゃくり③夏	＊縦1回＋横1回（2回で1回） なべなべ①②3歳

ガ①長　　　　☆十日夜⑥音楽教科書1年生　コダーイ芸術研究所編　全音楽譜出版社

歩き

	3歳　　　前半	後半	4歳　　　前半
歩き ファンタジー	＊重心移動 まいまい③夏 ぜんぜがのんの①乳② ＊踏締め歩き エエズゴーゴー①② モグラモックリショ① ＊練り歩き ほたるこい①中② どんどんばし⑥ シオヤシオヤ①長 センシュカンノン①長	＊踏締め歩き かた雪ごっちごち⑥ ハダヤノバサマ①乳 ＊練り歩き みんないそいで④ ななくさなずな① どうどうめぐり②4歳 センシュカンノンサン①	＊練り歩き チンカラマンダイ⑥（打楽器） みんないそいで④ （～人連れて歌う・5人まで） いなかのおじさん①長② ＊先頭交代 こんこんちき（おやま）①少② どうどうめぐり② ＊手つなぎ歩き かなへびこ⑥
円	＊円の前進後進 なべぁおおきぐなれ④	＊円の前進後進 いっぴきちゅう①② おおなみ（ひっくり）⑤(1)(2)	＊円歩きの方向転換 どうどうめぐり②4歳 コマンカコマンカ①乳
しゃがみ歩き	＊膝の屈曲 スズメチューチク④⑥ （その場で両足とび）		＊膝の屈曲・腰落とし さるのこしかけ①少 おさるのこしかけ⑥
回転 片足跳び		＊コマまわり でんでんまわり⑥	

歩きの課題　体幹ができる　　　乳児＝身体の一体化（重心移動）　3歳児＝左右の足の裏全体で，重心の移
　　　　　　　　　　　　　　4歳児＝序列の認知　円の歩き　つながり歩き　　　5歳児＝2人組の歩き

役交代

	3歳　　　前半	後半	4歳　　　前半
はやし	＊1人鬼 なきむし①（少数鬼も可） オニヤメ（大根渡し）①中 よもぎしょうぶ（菖蒲渡し）③春	＊捕まえ鬼 オニヌケ②	＊捕まえ鬼 よもぎじょうぶ③春 　　　（鬼は毎回交代） いちばちとまった①少②
鬼・輪止まり	＊少数鬼（輪は手振り・鬼は両足跳び） 豆がいっこはねた⑤(1)		＊石を打つ いしのなかの②
鬼止まり・輪まわり	もぐらどん①②（少数鬼も可） オーフグコフグ④（鬼の後ろ） ダルマサン④（ボール転がし）	ゆきやこんこん②③冬（鬼後） ウサギウサギ①長（少数可） 十五夜のおつきさんな（まめっちょp.10）	やまのがんこさん④（布なげ） コウモリコイゾウリヤロ①

後半	5歳　　　　前半	後半
＊練り歩き ありの道⑥（言葉替え） かりかり①中②４歳	＊練り歩き（先頭交代） ほほほたるこい③夏⑥ ちょうちょうかんこ⑥ あめたんもれ⑥ ＊２人組の練り歩き みんないそいで④ ＊先頭交代 どんどんばし（２人組）①中②	＊練り歩き（図形歩き） がんがんわたれ⑥
＊先頭交代 こんこんちき（やまぼこ）①②		
＊手つなぎ歩き かえるがなくから①	＊止まる いなかのおじさんギョッ⑤(1)(2)	＊走り（隊伍をくんで参照） じゃんこうじゃんこう③秋
＊円歩きの方向転換 こんこんちき（おやま）①少②	＊円歩き＋前後歩き ひらいた③春	
＊しゃがみ歩き まいまい③夏	＊しゃがみ歩き いもむしごろごろ①⑥	
＊２人でまわる でんでんまわり⑥	＊３〜５人の円まわりと止まり 人工衛星⑤(3)	＊片足跳び すけこん⑥

動を感じる

自由歩き（空間認知）　走り・停止・回転

後半	5歳　　　　前半	後半
＊捕まえ鬼 あずきしょまめしょ④ ＊はやしと歩き ねすごした②	＊捕まえ鬼 よもぎしょうぶ③春（全員叩いて，鬼交代） てんやのおもち③冬	＊捕まえ鬼 七草なずな（バッタバタ）⑤(3)
	あめあめやんどくれ③夏 （靴なげ）	ナカノナカノゴンボチハ①長 p.74

鬼まわり・輪止まり	エエズゴーゴー①② わらびぜんまい③春 ずくぼんじょ①中②４歳 しんわりたんわり④（桃わたし）	ゆうびんはいたつ②④ はちはち① ＊捕まえ鬼 オニヌケマヌケ④	おじいさんおばあさん① キリスチョン① しんわりたんわり④ （枝ゆすり　桃あつめ） てるてるぼうず①②
鬼・輪まわり			ほたるこい①② あっちむげの⑤(2) まいまい③夏
人当て		＊音当て ちんちろりん③秋	＊声当て あめこんこん②③夏（鳥の声） りょうしさん② ＊触り当て かごめかごめ⑤(3)
交互唱			＊輪から歌い始め・鬼は中 わらびぜんまい③春（少数鬼） まいまい③春
問答つき （捕まえ鬼）	こんこんさんあそびましょ②	あぶくたった②⑤(1)(2)	やまとのげんくろうはん②３歳
減り増える			じじばばねてろ④
条件付			
複数鬼			

学童　　人当て　みえたみえた③春　かんかんぼうず③秋　おてらのこぞうが④　交互唱　チューリップシャー
　　　減り増える　ひとひとひろいが④　条件付　つきかくもか　みえたみえた　複数鬼　とんびとんび

ひもろ① 両足跳び スズメチューチク④⑥	たなばたさん③夏 両足跳び キャールノメダマ③夏	
おちゃをのみに①②⑤(1)(2) ウチノウラノ①②3歳 とんびとんび②（少数鬼）	すいかばたけ② 十五夜のお月さん② とんぼとんぼ④	とんびとんびひょろひょろ④ おつきさんこんばんわ②③秋 たわらのねずみ⑤(1)(2)3人鬼
＊声当て ゆきやこんこ③冬 なかのなかのこぼうず④	＊物まわし ぼうかくし③春夏 たなわたし④	＊物まわし お正月どこまできた③冬 じょうりかくし④（靴）
＊輪から歌い始め・鬼は中 おじいさんおばあさん① ＊鬼から歌い始め・鬼は外 イノコイノコ③秋（追いかけ鬼）	＊輪から歌い始め・鬼は中 ぼうさん①②（触り当て） やまのおっこんさん①② （捕まえ鬼） ＊鬼から歌い始め・鬼は外 コーモリコイブンブン ①②4歳 たけのこいっぽん③春	＊輪から歌い始め・鬼は中 もどろう①中②（前後） みみずが3びき③秋（少数鬼） ひとやまこえて① ＊鬼から歌い始め・鬼は中 ひふみよ①中② ＊鬼から歌い始め・鬼は外 イノコイノコ③秋（ジャンケン）
ことしのぼたん②⑤(1)(2)(3)	おちゃつみちゃつみ③春	れんげつもか⑤(1)(2)
ねずみねずみようかくり② カラスカズノコ①②	＊輪鬼同時に逆まわり 雨がふった⑤(1)(2)(3) ＊自由隊形 にわとりいっぱ①②	＊輪鬼同時に逆まわり おんどりいちわは④ りんしょ① ＊円の門くぐり たなばたのかみさんが② オツキサマクグルハ②③秋
	＊捕まえ鬼 ねこがごふくやに②4歳 ③秋	＊組わかれ ほうしほうし⑤(1)(2)
	ほうずきばあさん①② ＊人・物かくし かくれかごとかご ②④⑤(1)(3)	ひとまねこまね①中②4歳 （声当て）

リップ　あずきあずき④

ひょろひょろ④　ワルイネズミハイナイカ

門くぐり

	3歳　　前半	後半	4歳　　前半
片手門 一重輪 　　（手離し） 　　（手つなぎ） 2人組の輪 増える門	＊基本　歩きのみ　手はなし どんどんばし（きつね）⑥ どうどうめぐり② ＊歩きのできたクラスのみ 大人との片手門⑥ どんどんばし（きつね）	＊大人との門 こんこんちき（おやま）①② 手はなし	＊大人との門　1人の手はな し どうどうめぐり② こんこんちき（やまぼこ）① ② ＊2人組 どうどうめぐり②
両手門 （振り分け 門）			あんまんだぶり②（織姫と彦 星）
全員が門			

学童　よどのかわせの⑤(3)　ここのごもんは①②

勝負

	3歳　　前半	後半	4歳　　前半
じゃんけん	＊グーチョキパーの練習 　（手出しっぱなし） 祇園のよざくら⑤(1)(2)	＊グーチョキパーの練習 （「ホイ」つき） イモニメガデテ④ オサラニタマゴニ①乳⑥	＊グーチョキパーの練習 （「ホイ」つき） だいこんかぶら②③春 ＊ジャンケンうた せっせっせ（げんこつやま） ①
個人戦 （じゃんけ ん）			おてらのおしょさん③秋 （但し、その地域のうたで） えべすさんとだいこく③秋 （顔） じゃんけんぽっくりげた①長
代表戦 （じゃんけ ん）			
減り増える			

学童　減り増える　こかおこかお④　ねこかおう③秋　交互唱　となりのおばさん③秋

後半	5歳　　　　前半	後半
*大人との門 オツキサマクグルハ③秋 　この遊びのみ手つなぎで	*門の２人が交互に交代 　　　　1人の手はなし なかえのやぶから④	
*２人組 どんどんばし（こんこ）①②	*２人組　門も輪も動く ゆすらんかすらん②5歳④ *門くぐり＋谷越え　２人組 ひばりひばり③春	*２人組　門が増える 後ろに増える 　いっせんどうか①中② 前に増える 　びっきどの①②
まめっちょまめっちょ③冬	梅と桜と⑤(1)(2)（梅桜） うぐいすのたにわたり（梅・鶯） ②4歳③春④	ひやふやの① （２人で２つの答えを決める）
両手門（くぐり終わると門になる） こいのたきのぼり③春	片手門 *後ろ歩き、後ろから門くぐり うらの天神様⑤(1) モックラモッチハ④	両手門 *向かいあわせの蟹歩き しみたかほい④

後半	5歳　　　　前半	後半
*じゃんけん遊び じゃんけんちかぽか⑤(1)(2) *足じゃんけん チョーパーチョーパー⑤(3)	*じゃんけん遊び おちゃらか（手あわせ）⑥	*じゃんけん遊び じゃんけんぽいぽい③春 *足じゃんけん はやはやちりちり⑥
二重輪 はやしの中から①長 やなぎの下には⑥	*外と中（少数）の入れ替わり たけのこめだした②	役交代 イノコイノコ（役交代交互唱） おつきさんこんばんは②③秋
オテントサン②	からすどこさいぐ① p.56⑥	おおさむこさむ③秋
*個人戦 加藤清正⑤(1)(2) *グループ戦 タコタコアガレ③秋（布）	*個人戦 いもむしごろごろ①⑥ *グループ戦 ふるさともとめて② はないちもんめ⑥	*グループ戦 　（～になっておいで） ほしやほしや① たんすながもち②③秋

隊伍をくんで

	3歳　　　前半	後半	4歳　　　前半
円	＊円前後 なべぁおおきぐなれ②④	＊円前後 いっぴきちゅう①② ＊円左まわりと前後 たわらのねずみ⑤(1)(2)	＊円左まわりと前後 ひらいたひらいた③春⑥
円以外			＊交叉した手の２人組練り歩き 　＋最後の方向転換（円歩き） もうひがくれた④
うずまき			
子とろ			

学童　ユスリャユスリャ④　うちのせんだんのき③夏　ここのごもん②５歳　かごめ＋なべ②５歳

学童　お手玉　おさらい⑥　こめこめこめやの⑥　ひとひとひろいが④　＊手首返し　たんのりたんのり⑤
　　　まりつき　あのねおしょさんがね⑥　うちのうらのみけねこが④　わたしょわたしょ⑥　神田鍛冶町⑥
　　　ゆうべ夢を見た⑤(1)　山のしばくり⑤(2)　いちにとらん⑤(3)

後半	5歳　　　　前半	後半
	＊円左まわりと門おとし たわらのねずみ⑤(1)(2)	
	＊しぐさ＋円の中の門くぐり いちわのからす①②	＊しぐさ＋円の中の門くぐり おんしょうしょうしょう①
	＊二重輪の左・右・前後 たまりやたまりや①②	＊円の端の移動する門くぐり もつれんな②
＊つながりの練り歩き かなへびこ⑥		＊つながりの歩き⇒走り じゃんこう①秋
＊交叉した手の2人組練り歩き ＋最後の方向転換（縦並び） つんつんつばな④	＊交叉した手の2人組練り歩き ＋途中の方向転換（縦並び） かわのきしの④ 　　　　（みんないそいで）	＊交叉した手の2人組練り歩き ＋途中の方向転換＋組代え かわのきしの＋ 　　　みんないそいで④
	＊ぼんおどり べんときて⑤(3)	＊隊列つくり おしょうがつええもんだ①中長 ＊門つけ ねすごした②3歳 ＋ななくさなずな⑤(3)
＊シッポからほどく でんでんむし②③夏④⑥ かりかり①②	＊中心の先頭からほどく ツルツル①② ろうそくのしんまき⑤(3)	＊前向き円と後ろ向き円で一回 ろうそくしんぼう④⑥
＊シッポきり かなへびこ⑥	＊交互唱 ことろことろ④⑥ ももくれ⑥	＊セリフいり いもむしこむし②

縄跳び　お月さんこんばんは④　たわらのねずみ（いっぴきしょ）⑤(1)(2)
おしょうがつくるくる③　おねんじゅしゅもく④　ひふみつ⑤(1)(2)
☆でんでらりゅうば　東京わらべうた　本澤陽一著　わらべうたによる合唱曲集－1－　p.68より

昔遊び

		3歳　　　前半	後半	4歳　　　前半
手（足）遊び	手の開閉		＊親指から閉じる（2拍ずつ） カクカクカクレンボ①長p.71 （片手・左右一緒）	
	指あわせ		＊好きな指で指先あわせ ちっちここへとまれ⑥	＊指先を順番にあわせていく （掌つけず） あかちゃんあかちゃん⑤(3)
	指さし			＊指を順に指していく いちずににずつく③春
	指あそび			
	おはじき 靴投げ			＊おはじき いっちょぎっちょ⑤(3)
お手玉		＊投げ上げ いちじくにんじん⑤(3)	＊投げ上げ いちじくにんじん⑤(3)	＊投げ上げ（一匁～三匁） 一匁の一助さん⑤(1)(2)⑥
	お手玉まわし			＊2人組 おらうちのどてかぼちゃ ②⑤(1)(2)⑥
まりつき		＊ボールころがし（両手） おらうちのどてかぼちゃ ②4歳⑤(1)(2)⑥ ダルマサン④	＊受け止めて転がす（両手） ポパイの好きな⑤(3) ＊歌の最後に両手で突いて受け止める あやめに水仙⑤(1)(2)	＊両手で、突いて受け止める （2拍で突きと受け） ポパイの好きな⑤(3) あやめに水仙⑤(1)(2)
縄跳び				けんけんぱー遊び（縄なし） ＊大縄ゆらし(縄の跨ぎどめ) おおなみ（ひっくり）⑤(1)(2) ＊歩き・走りながら片手縄まわし はなこさんどこいくの④

後半	5歳　　　前半	後半
＊指を順に閉じ最後に開く おじろおじろ①長 p.71 （左右交互）	＊指を順に開く ひばりひばり③春 （開いていくのみ）	＊指を順にたてていく いちじく①長 p.71
＊指先をあわせていく コドモノケンカニ③春⑥	＊指先を順番にあわせていく （掌つけて） コドモトコドモト④ タヌキサン①長	
	＊指を順に指していく いっちくたっちく①②⑥	
	＊指かくし どのゆびかくした④⑥ ＊指あそび ひとやまこえて③冬	＊指で数を示す いち・に・さん⑤(3)⑥ ＊指あそび でんでらりゅうば　☆
＊おはじき おまわしおまわし⑤(3)	＊草相撲 ごいごいごいよ⑥	＊靴投げ ゆうやけこやけ⑥
	＊順にお手玉上げ（10個） ひとめふため⑥	＊投げ上げ（10匁まで） 一匁の一助さん⑤(1)(2)⑥ ＊手の平返し にわとり一羽⑥
＊投げ玉式（2個） いっちょきっちょほいよ⑤(3) ひふみよ⑤(3)	＊つき玉式 おひとつおひとつ⑤(3)	＊つき玉式 おさらい⑤(3)
＊2人組 おしなんだんご（彼岸）⑥	＊円まわし（小グループ） 粟もちねれねれ⑤(2)（1つ） おしなんだんご⑥	＊円まわし（10人程度） 亥の子の牡丹餅⑤(3)
＊拍ごとに突く （両手→片手） 加藤清正⑤(1)(2) 甘酒ほいほい⑤(1)(2) （大人との受け渡し）	＊円形での受け渡し 　　　（両手突き⇒片手突き） あやめに水仙⑤(1)(2) ＊休符（Z）ごとに受け止める いちにとらん⑤(3) なかなかほい⑤(3) うめぼしさん④	＊円でまわす あんたがたどこさ⑥ （「さ」で歌い継ぐように） ＊拍ごとに突く てんやのおもち③冬 おんどりいちわ④ 一匁の一助さん⑤(1)(2)⑥
＊大縄ゆらし ゆうびんさん⑤(1)(2) ＊入る＋出る たわらのねずみ⑤(1)(2)	＊大縄ゆらし⇒まわす おおなみ（ひっくりかえして）⑤ (1)(2) ＊大人と一緒に跳ぶ はなこさんどこいくの④	＊大縄まわし おおなみ（まわしまわし） ⑤(3) ちゅーりっぷ③春

（2）　決めて，実践し，試してみましょう

　上巻　第3章（2）（3）（4）を参考に，まず目を通してください。それから，保育園・子ども園・幼稚園の方なら，上巻の巻末のカリキュラムサンプルを参考に。音楽教室の方なら上巻・下巻の巻末のカリキュラムのサンプルを参考に計画をたてましょう。そして，実践しましょう。うまくいかないのは当たり前。とりあえず，一学期続けてみましょう。

　きっと初めは，曲が多すぎます。

　上巻を参考にしつつ，難しい方はあきらめて，易しい遊びをたっぷりと遊びましょう。一学期続け解った1つをヒントに，次の学期の計画をたてましょう。

（3）　演習・実践・ポイント（この本の使い方）

1　計画をたてたら，第3章「各遊びの実践例とポイント」の中から，その遊びを探しましょう。

2　もしなかったら第2章（1）「わらべうた遊びの分類表（年齢別）」を見て，同じ遊びの種類・同じ年齢の遊びを探して，その実践を参考にして下さい。

3　**「実践」**　＝子ども達に「わらべうた」をどうやって紹介するのか，できるだけ具体的な動きや，言葉かけ，また子どもと大人の立ち位置や遊びの動きを図で表しています。

　「ポイント」　＝その時に，気をつけること，ちょっとしたアイデアなどが，書いてあります

　「演習」　＝乳児の時とちがって，幼児のわらべうたは集団の遊びです。特にこの下巻の遊びは大人同士で実際に動き遊ぶことで，その楽しさやポイントが解りますし，子ども達の助けにもなります。同じ提案をしても，子どもによって，様々な動きや反応が返ってきます。

その一方で，モデルである私たち大人の動きの「良さも悪さも」真似てしまいます。

＊美的（シンプルで解りやすい）モデルを示すために

＊様々な場面に，より良い言葉かけや発展的な提案ができるように

大人同士の集団で，まず遊んでみましょう。それが「演習」です。ただ，この下巻の遊びには，演習の項目がありません。なぜなら，全ての遊びを，「子どもに降ろすように，そのまま大人同士で遊ぶ」という演習が必要だからです。

4　遊ぶ

　下巻での遊びは，どの遊びも，誰かに，教えてもらおう，では解らなくなります。お互いがリーダーになって，1曲ずつ紹介し，一緒に遊びましょう！

　大人が遊んでも心と身体と頭を使う遊びです。充分面白く，楽しいものです。そして，良く笑います。時には，互いに混乱したり，間違ったりして，思わず笑ってしまいます。今のこのストレスや緊張の多い世の中で，口を開けて大人が笑えることは，そう多くはありません。歌い，動き，ちょっとドキドキし，ちょっと嬉しく，ちょっと悔しく，時にはちょっと緊張し，ちょっとホッとして。

　同じ遊びでも，紹介のされかたで，混乱がおきたり，一生懸命考えなくてもスッと自然にできたり。「なぜ？」と皆で考えます。「3人よれば文殊の知恵」，「わらべうた」を通して教えられた一番の宝物です。たった1人の優秀な指導者より，10人の仲間です。

　それが「わらべうた」そのものの力です。3人でも，10人でも，15人でも，集まってわらべうたで，遊びましょう。遊び続けましょう。**私たち大人自身が，音楽を体感する喜び，言葉の面白さや，流れる歌と歩きの心地良さを自分の財産にした時，その体験や喜びこそ，子どもは受け取って活き活きと遊びだすのです。**

5 「理論編」を学ぶ

　1年間実践したら，是非『実践と理論に基づく「わらべうた」から始める音楽教育　幼児の遊び　理論編』を，大人のグループで遊びながら，読んで下さい。勿論，初めから読みつつ，実践して下さると嬉しいです。

　でも1年間，この「実践編」を実践して下さった後の方が，多くのことに肯いたり，質問が出たりするでしょう。その時，わらべうたを実践している方たちで，一緒に考えて頂くと，多くの解決や改善が生まれてくると思います。この本の多くの部分も，そうやって出てきたアイデアです。新しいアイデアや，改善策をどんどん書き込んで，実践して下さると嬉しいです。

　そして，その提案と結果を教えて下さるともっと，嬉しいです。そうやって，より良い遊びを皆で共有し，子ども達に返していきましょう！

第3章

各遊びの実践例と
ポイント

《下巻の遊びの共通ポイント》

＊どの遊びも，一番初めにする基本の遊びを，丁寧にしましょう。
　その遊びの，基本のルールが解るように紹介し，身に付く
ようにいっぱい遊びましょう。そこが身に付いていたら，次
の段階，次の段階，と遊びの発展が感じられて，より子ども
達は楽しめます。

＊多くが，２つの世界（多数と少数）を行ったり来たりする遊び
です。
　まず，誰もが関わる多数の世界を，遊びましょう。全体が
解ったところで，少数の世界を，体験するようにしましょう。

＊一回目の遊びが終わったら，休むことなく２回目を歌いだし，
　３回目を歌いだし，最低30回で，一つの歌のように，歌い遊
び，続けましょう。
　そこで，初めて「わらべうた」が「わらべうた」になります。

（1）　**役交代**（社会生活の出発点＝私と社会　２つの世界　３つの世界）

《役交代について》　理論編 p.48〜52・65〜78

　「人」になる「わらべうた」の入口であり仕上げとなる柱が「しぐさ遊び」。

　「人間」になる「わらべうた」の入口であり仕上げとなる柱，基本的遊びがこの「役交代」です。

　この「役交代」を「わらべうた」として紹介することが，全ての始まりとなります。「役交代」の基礎の上に，〜門くぐり・勝負遊び・隊伍をくんで〜が成り立ちます。子ども達が遊ぶように，説明などせず「歌い遊び始める」「繰り返し遊ぶ」です。

　理論編 p.65〜78に，その遊び方，遊びを降ろす順序を詳しく紹介しています。まず，その順序を大人同士で実践してみてください。

　「しぐさ遊び」と同じように，段階的に，様々な遊びの種類があります。順序よくしていけば，子ども自身が面白さや楽しさを発見し，発展させていきます。その段階を意識して，前の遊びと何が異なるかを捉えて，その違いを子ども達が感じるように，伝えていきましょう。

＊ここでは，**降ろす順序でなく，分類の順序**で紹介しています。

＊遊びの種類は，基本（５種類）応用（３種類）発展（３種類）の三段階です。

①役交代の基本ルール

　１）拍ごとの，歩きとしぐさ

　２）歌の終わりで鬼が代わる。

　３）円でまわる遊びは，基本が右向きで右手の方へまわる＝左まわり＝基本まわり

　　ア）輪だけまわる時は基本まわり

　　イ）鬼だけまわる時は基本まわり

　　ウ）両方まわる時は輪が基本まわり　鬼は逆まわり

②年齢による課題

・**3歳は，自由参加を保障し，自然に加わりたくなる設定をする**

　　丁寧に一緒に繰り返し遊ぶことで，役交代の基本ルールを身に付ける

　　上記の1）2）3）ア）イ）を徹底して遊ぶ（ウ）はまだしない）

・**4歳は，基本ルール＋○を身に付ける**

　　1）円で輪も鬼も，両方動く遊びは，輪が基本・鬼は対面の逆まわり

　　　　①輪と鬼　両方一緒に歌い歩く

　　　　②輪と鬼が交互に，歌い歩く＝歌う時だけ，動く

　　2）集中して聴き，見るような，提供をする

　　　　初めの丸ごとのモデルをする回数を，様子を見ながら少しずつ減ら

　　　し（8割できれば鬼の役を始める），援助（輪の外にいて，歌いだし

　　　を助ける・動作を見せる）の形を増やしていく

　　　　多くの子ができない時は，早すぎたのでもう一度遊びに入って，モ

　　　デルを示す。それでもできない時は，その前にすべき遊びをしていな

　　　いのか？を確認する。

　　3）わざとふざけてルールを壊す時は「歌の途中で，代わるの？」等，

　　　事実確認をして，

　　　　＊ルールがあることに，気付かせる。（これが，ルールよ，と教える

　　　　のでなく）

　　　　＊この時期の，ルールへの毅然とした大人の態度が，5歳児の様々な

　　　　遊びの面白さを理解する力を，左右する。

・**5歳**

　　1）役交代遊び，という分野を認識して，意識して基本ルールを崩さな

　　　い

　　　　①基本ルールに，何がプラスされたかを感覚的に感じるように

　　　　②円を作る，座る，つめる，大きく，小さく，自由になどの隊形は言

　　　　葉で指示

　　　　③数回で歌と遊びが入っていく，集中力と受容の耳と身体を目標にす

る

　④遊びの楽しさを通して，積極性と集中力が身につくように

２）基本ルール（まわる方向が正しい・交代が正しい・拍が合っている・歌っている）を守った中での，子どもたちの発展的遊びの提供は，受け入れて皆で楽しむ

③遊びの２つの段階的な順序

Ａ　異なる世界（２つ・３つ）の対立と往復

ア）家族・仲間（少数）と社会（多数）の２つの世界の交代

イ）個人（１人）と社会（多数）の２つの世界の交代

ウ）個人（１人）と社会（多数）の２つの世界が，徐々に変化して，逆転する

エ）社会（多数）から，少数を選択し，その中から次のリーダー（鬼）を１人選ぶ

オ）個人（１人）と補佐する個人（１人）と社会（多数）の３つの世界の交代

Ｂ　鬼（１人・少数）と輪（多数）の動き

あ）「しぐさ」と「鬼」の交代だけ

い）どちらかが動く

　・輪だけ，又は鬼だけ

　・どちらも，基本まわり

う）どちらも動く・輪と鬼は対面歩き

　（輪が基本まわり　鬼は逆まわり）

　・同時歩き・交互歩き

え）減り増える遊び

　・円

　・自由隊形

お）複数鬼　本鬼（次の鬼を当てる）と補佐役の鬼（次の鬼候補を決める）

本鬼→補佐役　補佐役→輪に戻る　当てられた人→次の鬼

《遊びの一覧表》

第一段階　３歳から　基本のルール　拍ごとのしぐさ・歩き
　　　　　　　　　　歌の終わりで鬼の交代

	Aア）イ） Bあ）い） う）	少数対多数の ２つの世界の往復	鬼の交代
1	はやし	鬼（少数）を皆が はやす	①なきむし ア）あ）
		１人鬼の入口	②オニヤメ（少数鬼から１人鬼に入る時に遊ぶ） イ）あ）
		捕まえ鬼（１人・ 少数）	
2	鬼・輪止ま り	鬼（１人・少数）	①豆がいっこはねた ア）い）
3	鬼止まり・ 輪まわり	輪基本まわり（＋ 前進） 鬼（少数・多数 可）	①もぐらどん（一番初めに緩やかにする遊び） ア）→イ）い）
		１人鬼	
4	鬼まわり・ 輪止まり	鬼が基本まわり	３歳　①ゆうびんはいたつ ４歳　②てるてるぼうず　③おじいさんおばあさん ５歳　④ひもろ　⑤たなばたさん　イ）い）
5	鬼・輪まわ り １人・少数	輪が基本まわり 鬼は逆まわり	４歳　①ほたるこい　②おちゃをのみに 　　　③とんびとんび　イ）う）

第二段階　4歳から　2つの世界（個人と多数）の対話と往復

	Aイ) Bあ) い）う）	個人対社会の2つの世界の対話と往復	鬼が，対話や条件を満たして，次の鬼を選ぶ
1	人当て	音当て・声当て・触り当て	3歳あ）①ちんちろりん 4歳い）②あめこんこんふるなよ　③かごめ
		物まわし当て	5歳あ）④たなわたし
2	交互唱	個人と社会が対話して様々な交代の形	4歳い）①まいまい　②おじいさんおばあさん 　　　う）③ぼうさん 5歳う）④もどろう　⑤ひふみよ 4歳5歳う）⑥⑦イノコイノコ
3	問答つき	歌＋対話	う）3歳　こんこんさん　あぶくたった 　　4歳　ことしのぼたん　やまとのげんくろうはん 　　5歳　れんげつもか　おちゃつみちゃつみ

第三段階　4歳から・5歳から　小集団と大集団の変化・交代
複数鬼（鬼・鬼の補佐・多数）の入れ替わり

	Aウ) エ)オ) Bう) え）お）	小集団と多集団の交代 複数鬼の交代	様々な鬼の選択と交代
1	減り増える ウ）え） 4歳から	鬼が仲間を増やし多集団になる。最後に捕まった人が，次の鬼	4歳う）①ねずみねずみ 円ａ）い）②じじばばねてろ　③カラスカズノコ 5歳円ｂ）う）④あめがふった　⑤おんどりいちわは 　　　　　　　⑥りんしょ 円ｃ）う）⑦オツキサマクグルハ　⑧たなばたのかみさんが 自由隊形い）にわとりいっぱ
2	条件付 5歳 エ）う）	鬼が条件を出し，その中から次の鬼を選ぶ	い）①ねこがごふくやに　②ほうしほうし
3	複数鬼 5歳オ） お）	役目の違う鬼2人	ａ）い）①ひとまねこまね　②③かくれかごとかご ｂ）　　④ほうずきばあさん

《実践とポイント》

◎第一段階

1　はやし　3歳

①　なきむし（鬼が多数も可）

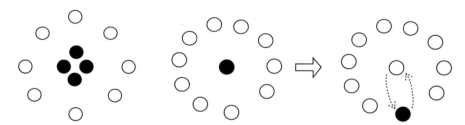

『なきむし』　　　　　　　　　　『オニヤメ』

　役交代の原型でしょう。遊んでいる中で，何かで泣き出した子に「なきむ
しやーい」と誰かがはやしだしたら皆が一緒になって「なきむしなきむし」
とはやしたて，声が合わさって歌になっていく。はやされている間に，機嫌
がなおって「泣いてないもん，おまえが泣いているんだろー」と誰かを指差
す。すると今度は，その子に向かって皆がはやしたてる。そんな場面を想像
してみてください。

　中の鬼は1人でなくて，数人でも良いのです。多くの子どもは鬼をやりた
がります。

● 実践①

ア）大人は両手を開いて出し，来た子と手をつなぎ円ができるのを待つ。

イ）中に向かって，指さす手を真っ直ぐに上下しながら「なきむし〜」と歌
　　いだす。「挟んで〜」は両手で挟んで下から上に上げて捨てるような仕草
　　をする。「ほんとに〜」は指さし，「もうすてろ」は両手で捨てる動作。しっ
　　かり，皆ではやす。動作が解り，はやしたてる楽しさが出てきたら，

ウ）大人が中に入り，泣く真似をする。子ども達が，はやしたてる楽しさを
　　感じる何回目かの歌の「ほんとに〜」から輪の方に行き，輪の中の1人の

子の手をとって，一緒に輪の真中に戻り，泣く。次に，もう１人連れてきて，泣く。

　次は，「誰かと代わっていいよ」と，２人に告げて，大人も次の子を中に入れて，その子のいた場所に入る。他の２人の子が代わったら，代わった子のいた場所に入るように，合図する。その時も，子どもたちが遊び続けるように，歌い続ける。

エ）直ぐ代わる子もいれば，なかなか代わらない子もいる。そんな時も，いちいち代わるように声掛けしたり，待ったりしないで，歌い続ける。

　そうやって，輪が少人数なら２～３人，多人数なら５～６人の鬼で遊ぶ。

★　ポイント①

　しっかり本気で，はやすこと。お腹の底から声を出すこと。でもぎゃーぎゃーは違う。言葉がちゃんと聞こえるように，口を動かしてはやしましょう。

　はやされることが，決して子どもは嫌いではない。はやしたり，はやされたりする中でそれは，遊びになっていく。子どもの中のそんなエネルギーを遊びに転化していく。基本１回で交代だが，絶対ではない。（理論編 p.69参照）

---

②　**オニヤメ**　**3歳**（少数鬼の遊びを充分した後にする，初めての１人鬼）

　役交代の鬼は，基本１人ですが，３歳児の初めは，誰もが鬼をしたがります。その気持ちをしっかり受け止め，体感させてあげる為に，少数鬼の遊びを数曲，たっぷりと遊びます。

　それから，本来の役交代＝１人鬼を遊び始めます。

　少なくとも，「なきむし」「豆がいっこはねた」「もぐらどん」の３曲は，思いのたけ，鬼の楽しさを体験し，満足してから１人鬼の遊びに入りましょう。そうすると，鬼１人という世界を，より楽しく面白くとらえることができます。

　鬼１人の遊びも楽しいこと，それが元であることを，体感するのには，鬼

の象徴となる物があると，とてもわかりやすく，混乱も防ぎます。そんな遊びは幾つかありますが，鬼も輪と同じしぐさで遊べ，歌の最後に鬼が交代するだけのこの遊びが一番簡単でわかりやすいと思います。

● 実践②

　大根を一本用意します。葉付き大根があれば，一番良いですね。

　丸くなり，「なきむし」のように中に向かって，手を上下に動かして歌いはやします。「大根しょって」からは，大根を担ぐように両手を肩に持って上半身をゆらします。役交代の遊びを幾つかしてきた子どもたちは，もう中に鬼が入ることを予想するでしょう。子ども達が良く遊べるようになったら，近くに隠しておいた大根を持ってきて担ぎ，歌の初めに真中に立ちます。「大根しょって」からは，歩いて行って，誰かに大根を渡し，入れ替わります。

　勿論，できそうな子に渡しましょう。そうして次の鬼，次の鬼と代わっていきます。

★ ポイント②

ア）この歌の，気を付ける所は，オニヤメのリズム｜　｜　｜　｜です。用
　心しないと，☐　☐と倍のリズムで歌ってしまいます。そうすると，
　手はヒラヒラとした動きで，せかせかとした遊びになってしまいます。腕
　は肩から指先まで一本にして，大きく上下し，「ズールイヤ　Ｚ　」の
　「ヤ」でしっかり止めて，大きな大根をつかむように両手を形作り，肩の
　上に担ぐように持っていき，動かします。その大きな動きが，面白く心地
　良く，歌と合わさって楽しくなります。

イ）役交代の一番の基本は，歌の終わりで次の鬼に代わる，です。

　　スムーズにいかなくても，大丈夫。一回で渡しそこなっても，歌い続け，
　次の歌の終わりで代われば良いのです。歌の途中で渡そうとしたら「歌の
　終わりでね」と言います。3回くらいで，やっと誰に渡すか決まる子もい
　ます。初めてだから，何が起こっても当たり前。ルールは「歌の終わりで
　交代する」ですから。そんな時，何となく面白くなって皆笑います。

ウ）もう一つの基本は，次の鬼を決めるのは，今の鬼だけです。

　気が利いた子や，積極的な子が，「僕に」「私に」「○○ちゃんに渡したら」などと言うことがあります。その時には，はっきりと「鬼が決めるのよ」と伝えましょう。もちろん，大人が指導したり，勧めたりしたら，「わらべうた」ではなくなります。（理論編 p.69参照）

2　鬼・輪止まり

① 　豆がいっこはねた　3歳（少数鬼）

『豆がいっこはねた』

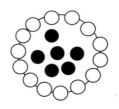

● 　実践①

ア）節分の時「豆を炒ろうか」と皆で丸くなり手を振りながら歌う。子どもたちが歌い，手を振り，「火を弱くしよう」「強くしよう」などと声や手の振りを，色々変えて遊ぶ。しぐさや歌を楽しみだしたら，中に入って豆になって跳ぶ。「お豆たったの一個」と言えば，子どもたちは自由に入ってくる。「おいしく炒れたか食べてみて」「まだ」「じゃ，もっと炒って！火が弱いのじゃない？」と少し大きな声で歌うと大きく手を振るでしょう。そしたら，鍋にぶつかるように跳ぶ。「もう炒れた？」「炒れた」「じゃ食べてもらおう」「むしゃむしゃ」「おいしい」など。すぐ「お鍋の誰かと代わって」と大人がお鍋の誰かと入れ替わる。

イ）それぞれが代わったら，すぐ「豆がいっこ〜」と歌い手を振りだす。
　　そうやって，歌やしぐさの流れを，切ってしまわないように遊びます。

ア）豆が輪に戻る時，代わる子がいた場所に入れ替わりで入るか，見ておこう。違うところに入ろうとした子には，「○○ちゃん，誰と代わったの？」「△△ちゃん」「じゃあ，△△ちゃんがいたところに入ろう」と促す。誰ちゃんと代わる，という意識を持って代わる。（理論編 p.69参照）

3　鬼止まり・輪まわり

① 　もぐらどん　│3歳│（少数～全員鬼などで充分遊ぶ役交代の入口の大事な遊び）

『もぐらどん』

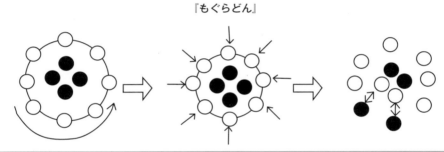

● 　実践①

ア）皆で丸くなり，右に向き基本まわりで歩き歌いだす。「土ごろり」からは，中に向き，モグラを追い出すように「どんどん」と真中に向かって前進する。「もぐらさんもぐらさん～」からは，真中にモグラがいるつもりで，話しかける。

　何度か繰り返す。「もぐらさんいないねー」と言うと，中に入ってくる子がいる。そうなったら，その子をモグラに見立てて「もぐらどんの～」と遊びだす。

イ）入ってこない時は，「ここにはいないのかもね。あっちに行ってみよう」と場所を移動して遊ぶ。田んぼ・畑等に移動しても良い。それでも出てこない時は，大人が座って寝ているモグラになり，歌いだす。それで子どもたちだけで歩きだすでしょう。歌が終わったら「あー良く眠った」とか言

って伸びをしたりして起き，輪の子どもの中から１人交代に中に入れます。
そして，「もぐらどん〜」と，遊び始めます。

★　ポイント①－1

イ）この時，多くの子はモグラになりたがりますし，なかなか起きません。
「なきむし」の時もそうですが，この遊びの時には，「もっと寝ていたい」
という，子どもの意志を強く感じます。ただ，我が儘や意地悪というより，
子どもの中では，簡単なお話が始まっているのではないでしょうか。「お
母さんが起こしに来てくれるといいなー」「本当にねむいなー」「モグラっ
てどんなだろう」「あともうちょっと，こうしていようかな。○君と代わ
るかな」そんな子どもたちは，しっかりと歌を聴き，足音を感じ，起こし
にくる人の気配を感じているのが伝わってきます。起きようかどうしよう
か，迷っている時もあります。起こしに来る人との，その無言の駆け引き
が，楽しく面白いのです。

ウ）起こす方も知恵をしぼります。足踏みを「どんどん」とより大きくする。
（もともとモグラ叩きの歌ですから）大きな声で歌う。でも，大抵大きな
声では，起きません。予想される声だからでしょう。今度は小さな声で，
優しい声で，ゆうれいになってなど色々と変えてみます。

エ）子ども全員が，モグラになり，私１人が起こしに来る人になることは
多々あります。知恵をしぼって，色々します。かわいそうに思って，起き
てきてくれる子がいたら，喜んで手をつなぎ，２人で相談しながらします。

★　ポイント①－2

　３歳は，基本的に自由参加です。この始まりの遊びで，子ども達の思いに，
しっかりと寄り添いましょう。思いのたけで遊び，満足を体験した子どもた
ちは，わらべうたの楽しさ，自発的に参加する楽しさを，知っているので，
４歳や５歳の時にはごく当然のように遊ぶようになります。
　「自由参加とファンタジー」。この２つが３歳児のわらべうたの大切な点か

もしれません。（理論編 p.68参照）

4　鬼まわり・輪止まり　　これぞ役交代‼

①　ゆうびんはいたつ　3歳（理論編 p.70）

①『ゆうびんはいたつ』②『てるてるぼうず』
③『おじいさんおばあさん』④『ひもろひもろ』

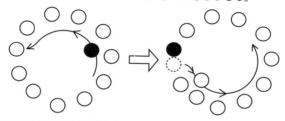

● **実践①**

　皆，円になって立つ。郵便やさんの配達袋を用意し，絵合わせのカードを，入れておく。円の内側を歌いながら歩き，歌の終わりで袋の中から一枚出して，渡す。全員配ったら，「どんなお手紙貰った？」と聞いて，皆で見せ合う。「あ，同じ」と絵合わせのカードが合った時は，なんとなくうれしそうにしている。「誰か次に皆に配達してくれる人いない？」と聞いてみる。希望者がいれば，その子にしてもらい，歌い続ける。

　初回は，いつもそうですが，初めから終わりまで，遊んでいる間ずっと歌い続けます。そうしたら，次の回には，子ども達が歌い配るでしょう。

★　**ポイント①**

ア）充分遊んだら配るものを変えるのも，楽しい。旅先で買ってきた風景の
　絵葉書，美術展で買った絵や彫刻，写真などの絵葉書。お友達などからき
　た絵葉書。ちょっとした物を，集めて使うと良い。そんな中から，一枚で
　も子ども達が興味をもって，「これなーに？」と話しかけてきたら，うれ
　しいですね。

　　美術品なら裏に表の作品の名が書いてあります。それを読んであげれば

良いです。自分の旅ならエピソードがあるでしょうし，展覧会なら感想でも良いですし，「この写真の本物を見たよ」だけでも良いでしょう。なにより，知らない大人の世界にふれた喜び，大人が自分に向き合いちゃんと話してくれたその喜びは，心に残っていくことでしょう。大人って素敵だな，あんな大人になりたいな，という憧れをもってくれるかもしれません。

イ）園であれば，遊んだ後に葉書大の画用紙に絵を描いて，それを集めて配るのは，もっと楽しいでしょう。3歳児なら，「今日は○○ちゃんのお手紙をみんなに配達しますね」と，一枚の葉書を順に届けていくのも楽しいです。この時は，受け取った人が，次の鬼になって，次の人に配る，という遊びになります。（理論編 p.70参照）

ウ）4・5歳児ならば，絵の裏に大人が名前を書いてあげてから袋に入れて一枚ずつ配りましょう。受け取った絵が誰からの手紙かわかるので，貰った人に返事の絵を書きましょう。それぞれが，自分の返事の葉書を持って丸くなり，最初に鬼になった子が相手に届けに行く。受け取った子が今度は自分の相手に届けに行く。そんなリレー方式の遊びにしても楽しいでしょう。これをきっかけに，お手紙遊びが流行ると素敵ですね。

②　てるてるぼうず　4歳

●　実践②

「孫の手」のような，しっかりした棒に紙で頭を作り，風呂敷やそのくらいの布を被せて首の所を結び，てるてるぼうずを作る。足元の部分を持って，円の中を，歌いながら歩き，歌の終わりで前にいた子に渡す。

★　ポイント②

ア）4歳児ですから，もし紙のてるてるぼうずならば，自分たちで作ったので遊びましょう。作ったのをどこかにぶら下げておいて，「今日は○○ちゃんの」とそれで遊んで，遊び終わったら「ありがとう。お家につれて帰って」と渡しましょう。

イ）４歳児は，動きがはげしくなったり，何か色々しだすので，しっかりした人形をと思いついて，孫の手人形にしたら，とても面白くなりました。

　横向きに持ったり，逆さまに持ったり，振り回したりしだす。そうしたら，どうしますか？「あんなこと乱暴をしない紙で作るべきだった」と思いますか？　お天気の歌遊びですよ！　逆さまは雨。横向きはくもり，振ったら嵐，もっとすごい振りなら台風。「天気」の所を歌い変えて遊びましょう。

　鬼の子も，輪の子も，嬉々として歌い遊びます。子ども達の中から出てきた遊びです。自然に，言葉を変えて，子ども達は歌います。

③　おじいさんおばあさん（杖）　4歳

● **実践③**

ア）両手を出して，皆が手をつなぎ円を作ったら，横に置いておいた杖を持って，円の内側に沿って拍ごとに杖を突いて歩きます。勿論，歩きも拍ごとに。歌の終わりでは，近くの子の前に行って向かい合って「かがんだ」と杖を突きその子に渡します。歩くように，うながしながら，自分は輪に入ります。

イ）渡された子は，そのまま歩きだします。その入れ替えは，モタモタしたり，受け取りそこなって，杖が倒れたり，色々あるでしょうが，歌は途切れることなく歌い続けましょう。何時その子が，受け取って歩きだしたとしても，歌の終わりで，次の子に渡します。渡し損なったら，そのまま歩き，次の歌の終わりで渡します。

ウ）受け渡しの仕方はそれぞれの感覚があって，うまくいかないことは多々あります。それも，面白く楽しくなりますし，子ども達はそれより「おじいさんおばあさん」を演じる方に興味があって，知らない間にタイミングよく渡しています。

ア）イ）大人は，ひたすら歌い続けましょう。気になること，「え？」と思うこと，様々あっても，ひたすら歌いましょう。基本的な歩きの心地良さを，耳から届けましょう。

ウ）演技も楽しいのですが，度を越すと無茶苦茶になってきます。付き合って歩きに合わせてゆっくり・速く歌ったり，拍と関係なく足に合わせたり，それなりに皆で楽しんだ後には，すっと心地良いテンポに戻して，そのまま歌い続けましょう。

④　ひもろひもろ　5歳（燭台に立てたロウソク）

● 実践④

ア）初回，皆が丸くなったところで，部屋の電灯を消して，少し暗くする。燭台にのせた和蝋燭，マッチ，水を入れた器を持って皆の前に出てきてマッチをすって，蝋燭に火をともす。（儀式のように威厳をもって）マッチの火を消し水の中に捨てる。燭台を持って，歌い歩きだす。

　　威厳をもって，ゆっくり大またで，皆の前を歩き，終わりで前の子に渡す。遊びの終わりには，蝋燭の火を吹き消し，子どもの手が届かない棚に置く。マッチは，部屋には置かない。

イ）次の回からも，火をつける時，いつも威厳をもって儀式のようにする。吹き消すのは，数人でさせるのも良い。なかなか消えないことを体験させる。

★ ポイント④

ア）4歳後半以降わらべうたを積み重ねてきて，役交代ができるクラスです。る，本物の火を使った遊びです。何の解説も注意もいらない状態です。火と対峙する貴重な遊びです。

イ）燭台を捜し，和蝋燭を手に入れて遊びたい。和蝋燭は背が低く安定感があり，炎が太く，消えにくい。現代では，本物の火に出会うことが少ない。

人類の人としての出発点の一つは，火の征服にある。本物の火に出会うことで，その崇高さと恐さの両方を体験できる。

ウ）火を使うことは，色々な問題をかかえます。ただ，本物を使うことで，火の恐さや崇高さを，感じることができるのは確かです。少なくともわらべうたを，積み重ねてきた子たちは，五感が育っているからでしょうか。不思議に火を前にして，ふざけません。特に炎の揺らぎは，心を捉え，どんな子も，炎を見つめながら歩きます。

　逆に，炎を見て，ふざけたりよそ見をしながら歩く子がいたら，それは命の危険に対する感度が低いわけですから，わらべうたの遊びをもう一度見直しましょう。または，個人的に乳児の肌を触る遊びをしてあげる必要があるのかもしれません。

⑤　たなばたさん　5歳　ハンカチおとし（歌の終わりでなく，途中でハンカチを落とす遊び）

『たなばたさん』

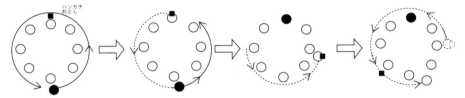

● 　実践⑤

ア）ハンカチを見えるように持って立ち「丸くなって座って」と声かけする。座ったらハンカチを丸めて見えないようにして歌いながら外を基本まわりで歩く。

　2回歌い続けて，3回目の歌の途中で誰かの後ろに，ハンカチを落とす。落とされた子が気付いたら走りだせば，追いかけるとわかる。その子が抜けたところに入る。

　気付かなかったら，そのまま進み，その子のところまで来たら，タッチ

しハンカチを拾って見せて「交代」と告げる。そんな時は,「えー」となるでしょうから,「気付いたら,ハンカチ拾ってタッチするのよ」と告げる。

イ）追いかけっこで,鬼が上手に逃げて輪の中に入ったら,追いかけた子が次の鬼。鬼が途中でタッチされたら,もう一度鬼をする。

ウ）又はタッチされたら真中の「お便所」に入って,次の子が来るまで遊びから抜ける。次にタッチされた子が出たら,お便所の子と交代し,タッチした子の場所に入る。この場合は,タッチした子が,もう一度鬼になる。

★　ポイント⑤

ア）ハンカチはどこで落としたか,わからないから面白い。いつものわらべうたの決まりと違う楽しさ。基本は,子どもがハンカチを落としても,追いかけっこになっても,歌い続けます。子ども達の歌が途切れそうな時,大人が歌い続けましょう。

　　ハンカチを長く持ち続けることが続くと,鬼の交代が少なくなり楽しさが半減します。そんな時は,歌2回・3回までに落とすと皆で決めた方が良いでしょう。

　　人数が多い時は,歌や遊びが慣れてきたら1回でと決めても良いでしょう。その代わり,落とされる範囲が決まってしまい,追いかけっこが主になって,歌がどこかにいってしまう可能性が大です。5歳児ですので,それまでにたっぷり歌って遊んだのであれば,時にはそんな遊びもあっても良いかもしれません。

イ）ウ）どちらも,面白い。「お便所」という言葉が,今の子には通じるのでしょうか？　それとも,昔話を聞いている子たちには,かえって薄暗いイメージや「3枚のおふだ」などを思い出して,より恐いもの見たさの面白さがあるのかもしれません。

5　鬼・輪まわり　4歳　ほたるこい　同時に動く

①　ほたるこい　4歳

『ほたるこい』

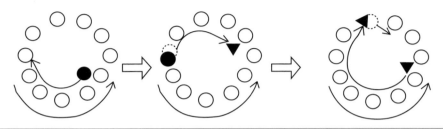

●　実践①

ア）「いま，蛍がいっぱい飛んでいるんだって。みんな蛍見たことある？」
　でひとしきり子どもと話す。「きょうは，蛍とりにいこうか！」と歌い，
　歩きだす。練り歩き。少し歩いてから「ほら，蛍が光ってるのが見えてき
　た」などと想像をできるように。「あ，ここにいた」と草の下で見つけ捕
　らえたように手を合わせる。すぐ歌いだし歩く，「わーここには一杯いる
　よ，皆捕ろう」などと言って，上や下で捕るしぐさはしますが，歌はずっ
　と歌い続けます。ひとしきり，遊んだら「皆も捕れた？」と聞いて「さあ，
　一杯捕れたから，帰ろう」と練り歩きで帰る。
　　「家についた。蛍をはなそう」とそーっと手をひらき，蛍を目で追う。
　最後は「あー逃げてった」「きれいだったね」などと話して終わる。歩き
　の遊びです。
イ）４歳でするなら，直ぐ役交代で入ることもできますし，蛍に馴染みがな
　いようだったら，ア）の練り歩きをした後に，役交代に入った方が良いで
　しょう。どちらにしても，歌いながら練り歩きをたっぷりして，自然に円
　になります。
ウ）円がまわりだし，馴染んだら，大人はすっと抜けて，蛍籠をとり（勿論，
　すぐ取れる所に隠しておきます）中に入って，逆に歩き始めます。そして，

「ちょいとみてこい」の「こい」で前に来た子に右手で籠を渡しながら，中側に引き歩く方向に，誘導します。そして，自分は輪に戻ります。

　鬼になった子が難しそうだったら，輪から外に出て，まわる方向を手で示したりして励ましましょう。輪の外側で，少しの間鬼と一緒の方向に歩くのも良いかもしれません。でも，それをすると，輪の子たちがちょっと混乱するかもしれません。ただ，中に入って一緒に歩く，肩などを持って方向転換させるのは，やめたいと思います。1人で歩く中で，自分が解って自分自身で決めて歩いた，という体験をしてほしいと思います。「え？」とか「あれ？」と言うだけで，気がついて逆にまわりだす子が多くいますから。最後まで輪と同じ方向に歩いたとしても，籠を渡す時には，違和感を感じるでしょうし，それまでに子ども達が色々言います。

┌─────────────────────────────────────┐
│ ★　ポイント①   │
└─────────────────────────────────────┘

イ）練り歩きから円になる時，右向きの基本まわりを意識して円を作りましょう。毎回輪が右や左に変わったら，輪と鬼の区別が，できなくなります。それ以上に，右と左という方向性の感覚さえ混乱させてしまいます。

　鬼も輪も，同時に動く遊びの時には，特に大切なことです。今までの鬼きめ（選択遊び）と，役交代の　3　鬼止まり・輪まわりの遊びで輪がまわる時は，必ず基本まわりで遊んでいると，子ども達は自然にそうなるでしょう。でも，逆にまわる鬼が出てきたことで，混乱する子も出てきます。しっかりと，輪での基本まわりをしてから，鬼を始めましょう。

＊是非，大人のグループで，練り歩きや，円歩きをして身体で覚える練習をしてください。そして余裕をもって，子ども達と楽しく遊べるようになってください。

ウ）大事なことは，大人がずっと歌い続けていることです。途中で抜けても入ってきても，歌を共有していることで，子ども達も違和感や不安感をもちません。出入りする大人も同じ音楽の流れの中にいるので，子ども達と異なる感覚で出入りする危険性がなくなり，いらない言葉かけも出てきま

せん。初めの子どもに籠を渡して輪に戻ったあとは，少し歩いたあとに，すっと抜けて歌いながら，役交代のタイミングや，逆まわりの，助けの合図をおくりましょう。

　不安な子は勿論，うまく代わった子でも，これで良かったかと大人の顔を見ることが多々あります。その時間違っていたら，正しい方向を手で指し示し，正しい方向なら，手で○を作って見せる。目を見て笑顔を見せるだけでも，子どもは安心して，楽しく遊べます。勿論，２度目３度目と，大人は歌を少しずつ抜けていきます。早いクラスでは，２度目でも遊びの終わりには，一切歌わないですむこともあります。

②　おちゃをのみに　4歳

『おちゃをのみに』

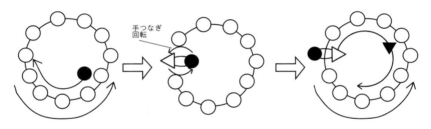

● 実践②－１

ア）「おちゃをのみに～」と歌いだして，子どもの誰かに向かって歩く。「はい，こんにちは」で挨拶する「いろいろ～」で手をつなぎ（子どもの手が真っ直ぐ伸びる状態にして）拍ごとにキチンと歩いて回転し，「はい，さようなら」で，挨拶して手をはなす。すぐ，「おちゃを～」と歌い歩きだし，次の子と遊ぶ。黙っていても，真似をする子も出てくるでしょう。大人は，初回はとにかく，多くの子と１対１で遊ぶ。全くアトランダムにいく。

イ）２度目には，遊びだすと，子ども達も始めるでしょう。相手がいなくて戸惑ったり，歌の途中で相手が見つかったのに，すぐお別れになったり。全てを楽しみましょう。大人が１人になった時はチャンス！　１人で，楽

しそうに透明人間と挨拶し，手をつなぎ，挨拶し，次の相手を探しにいきます。

ア）皆が見ているか，真似するか，加わるか，色々気になったとしても，ひたすら，今手をつないでいる子と，心通わせ楽しみましょう。そうすれば，子どもたちは，自然に遊びだします。

イ）全ての条件が整っていなくても，同じように遊べ，楽しめ，生きていけるモデルを示しましょう。そうすると，わざと1人で遊ぶ子も出てきます。楽しそうに。何かが足りない時「諦めるのでなく，ちょっと工夫をする」という人間のもつ力を，伝えましょう。

ウ）研修会など，知らない人が集まった時に，こんな遊びをしますと，なんとなく堅さが和らぎ，皆の顔が笑顔になります。大人の場合は，4～5回した後に，今組んで遊んだ方に，別れ際に「どなたかとして下さい」と促すと，それなりにおっかなびっくりでも始めて下さいます。「皆さんもどうぞ」と言えば，皆がそれなりに動きだし多くの人と触れ合うことができます。是非，お試し下さい。

● 　実践②－2

ア）本来の役交代の遊びです。

　両手を出して，手つなぎ基本まわりで歌いだす。「はい，こんにちは」で内側に向き歌のみ歌う。「こんにちは」と「さようなら」で挨拶をしてもよい。数回して，歌がつなつながった頃，中に入り輪の内側を対面で歩く。「はい」で輪の子の前で止まり「こんにちは」で腰からおっての挨拶，「いろいろ」から前の子と手をつないで（子どもの手が真っ直ぐ伸びる状態にして），拍歩きで1回半まわり，内と外と入れ替わる。

　「はい，さようなら」でまた挨拶。鬼になった子に，手で進行方向を示して隣の子たちと手をつないで歌い歩きだす。

ア）1回半の回転は結構難しく，元に戻ってしまったり，半回転で入れ替わる等になります。初めはそれでも，全体の流れが止まるよりは良いでしょう。子どもの手が，真っ直ぐ伸びるように，少し開いてつなぐと，身体の意識化が出て，クルリと回転するのでなく，拍歩きでまわることがしやすいと思います。

　　いつまでも，入れ替わりがうまくいかない時には，「なぜ，入れ替わりが難しいのかな」と問いかけたり，上手にできている子に見せてもらったりも，良いかもしれません。

イ）しっかり慣れてきたら，「お茶」を「コーヒー・紅茶・スープ」などに変えても楽しい。ただし，この3つを大人が全部言ってしまったらつまらない。一つ提示して遊んでいれば，必ず何かを言いだす子が出てくる。「じゃ，今日はそれでいきましょう」と取り入れれば，次の時に他の子が他のものを考えてくる，という遊びのつながりが出てくる。

　　飲み物でない物，時には食べ物でない物さえ出てくる可能性あり。でも，全部使って遊ぶ。そうすると「そんな，テレビなんて飲めないよ」と言いだす子が出てくる。そんな時，「そうよね」ではつまらない。「ほんと？飲めない？」と聞いてみるのも楽しい。「試してみよう」と歌ってみる。「飲んだ」という子や「飲めるわけない」という子も出てくる。「飲んだ」という子には，是非「すごい！　どんな味だった？」と聞こう。でも，それが楽しくて，わざと食べ物でない物を出してくる子も出てくる。

　　それが遊び。そして，そうやって遊びながら，子どもは教えられた知識の一つずつの物の本質を，自分自身の知識として捉え直しているように，見えます。そうやって自分で捉え直し，整理した知識は，子どもの中に財産として残っていき，必要な時に使うことができるのだと思います。

③　とんびとんび　4歳

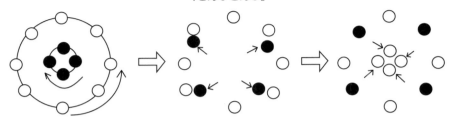

『とんびとんび』

● 　実践③

少数鬼

ア）輪になって，歌いながら手をつなぎ左まわり，「いちにち〜」からは，
　　内向きに立ち，両手を合わせてお米を入れる器を作り，上下に軽く動かす。

イ）歌の流れができてきたら，数人の子をアトランダムに輪から中に入れて
　　二重輪になる。鬼きめで選ぶのも悪くはないが，他の歌が入ると新しい
　　「とんびとんび」のテンポや遊びの雰囲気が薄まるので，すばやく選んで，
　　手をつなぎ歌いだして，逆まわり。「いちにち〜」からは，両手でお米を
　　入れた器を作り誰かの方に向かって歩き，「米三合」の「ごう」で，輪の
　　子の手の器にお米を移して，入れ替わる。

ウ）すぐ，続けて歌い歩きだす。中の輪が少しギクシャクしても，続ける。
　　但し，交代した全員が，左まわりに歩きだしたら，即中の輪に入り，逆ま
　　わりにする。1人でも逆まわりが解っている子がいれば，その子に目や手
　　でOKを示し，後押しをする。

★　**ポイント③**

イ）メンバーが代わる中で，段々と逆まわり，外向き，お米渡し，の段取り
　　ができてくる。動きながら，遊びながら，感じて，考えるということに慣
　　れよう。立ち止まって，頭で考えてから行動するのは，学童になってから
　　で良い。

◎第二段階　基本ルール＋○当て

1　人当て

①　音当て　ちんちろりん　3歳

『ちんちろりん』　　　　　　　　　　　『あめこんこんふるなよ』

 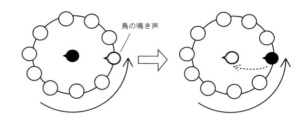

鳥の鳴き声

● **実践①**

ア）丸くなって隙間がないように座る。大人は輪の中に一緒に座り，鈴を見
　せて歌いだし，歌い終わったら，鈴を鳴らして聞かせる。２〜３回。次に
　歌いながら，鈴を鳴らさないように気をつけて，そっと基本まわりでまわ
　す。歌の終わりで鈴を持っている子に，鈴を振る動作を示して鳴らしても
　らう。また歌いだし，次の子からまわす。終わりの子が鳴らす。これを繰
　り返す。

イ）「今日は，後ろでまわそうか？」と後ろをまわし終わりの人が鳴らす。
　「誰が鳴らした？」と聞き，皆で答える。答え合わせに前で鳴らしてもら
　う。次の人からまわし，皆でまた当てる。

ウ）後ろまわしを何度かした後「誰かここに座って，１人で当ててくれ
　る？」と希望者を募る。何人かいたら，鬼きめかジャンケンで決める。先
　ずは，鬼は目を開けてする。表情などで当てることができる。当たらなく
　ても，２回までは挑戦できるように。

エ）慣れてきたら，「今日は鬼は目隠しして当てようか」と鬼を募る。タオ
　ルや布で目隠しして，「どっちから聴こえるか，指さして」と言って，当
　てさせる。３歳児の目隠しは，決して心地良いものではないので，当たっ

ても当たらなくても，一回で終わる。目隠しを取り，前で鈴を鳴らして貰い皆で確認して鈴を鳴らした子と，交代する。

★　ポイント①

イ）鈴を鳴らした本人が自分で答えたら，「あなたが答えたらクイズにならないよ！」と伝える。

ウ）「どうして解った？」と聞いて，「だって笑ってたもん」などの答えを聞いて，上手に隠すことも覚える。また，「なんとなく」でも良い。自分自身が，何故そう思ったのかと意識するのも良い。

② 声当て　あめこんこんふるなよ　4歳

● 実践②

ア）手をつなぎ皆で歌いまわり，止まって「カーカー」と鳴く。「何が鳴いたでしょう？」「カラス」と答えたら，「当たり」と言って，続けて何度かする。子ども達も歌い鳴きだすでしょう。

イ）カラスで充分遊んだ後に「他に鳴き声知ってる鳥いる？」と聞き，色々出た鳥の鳴き声を，一つずつ皆で真似して鳴く。「カラスでなくて，カッコウでしましょう」などと決めてその鳴き声で遊ぶ。あまり出なかったら，大人が提供しても良い。（すずめ，カッコウ，ウグイス，鳩，きじ等ポピュラーなもの。『新訂わらべうたであそぼう　年中編』p.79〜81参照）

ウ）鳥の絵や写真を集めて（図鑑やインターネット）カードにしておく。カードを使って「今日はこの鳥」と出して，「すずめ」とか「カッコウ」などと言い合い，その鳴き声で遊ぶ。鳴き声を，インターネットで集めるのも良い。

エ）「今日は，カードの中から自分の好きな鳥を決めて鳴こう。どれにするか決めて」とカードを並べて見せる。並べる時に，「この鳥は？」と聞いて皆で鳴いていく。そうすると，どの子も一度鳴く練習ができて，自信もつきどれにするかも決めやすい。

「順番に，決めた鳥で鳴いていこうか」と誘う。大人も入り（できそうな子のいる左側に入る），「私から始めるよ，次は○○ちゃんね」と右隣の子に言い，「その次は△△ちゃんね」「順番にいくよ」と手で円の方向を描きつつ，子ども達の目を見ていく。そして始める。皆で歌い歩き，「なくぞよ」で止まったら「クークー」などと鳴き，「あめこんこん〜」とすぐ歌い歩きだす。すぐ鳴けない子も，待つ。あまり長くなる時は，「後でする？」と聞き，「うん」と言えば最後にする。「うん」と言わない時は「ではカラスで鳴いてみて」と一番慣れている鳴き声を指定する。そう指定すると，意外と自分の鳴きたい声がはっきりして，違う声で鳴いたりする。こんな時は「そう，すずめの方がよかったのね」と，キチンと言葉にしてあげる。

オ）「今日は，鳥の鳴き声で，誰が鳴いたか当ててもらいましょう」「何の鳥で鳴くか，決めますか？　自分で選びますか？」と問う。「決めた方が良い人？」と手を挙げ，子ども達が手を挙げるのを待つ。「自分で好きな声で鳴きたい人？」と，同じように聞いて待つ。

　その差が大きかったら，数が多い方に決める。拮抗していたら，好きな方を選ぶことにする。「決めた方が良い」が決まったら，皆で決める。「当ててみたい人」と鬼を募り，決めたら真中に座って目をつむってもらいます。手をつないで歌いだし歩く。止まったところで，鬼の後ろの子に，鳴くように合図をします。一度でわからない時は「もう一度鳴いてあげて」と頼みましょう。3人までは，言い直しOKにしましょう。3回とも当たらなかったら，種明かしをして，その子と代わります。

★　ポイント②

ア）役交代の時に，1人で鳴くのに慣れていないと，鳴くのを待ったり，小さい声で聞こえなかったり，と流れが止まることがあります。そうなると，子ども達の楽しさが半減します。4歳児は特に，そんな時待つのは得意ではありません。できるだけそんな状態を作らないようにするには，子ど

自身が鳴き声を色々と出すのが，面白く楽しくなっていること。どんな声か，という知識もですが，自分の喉を使って鳴く楽しさを知っていることです。できれば，役交代の前に，色々鳴いてみる機会を一杯作ってあげたいものです。

イ）鳥関連で「ひとつひよどり」（『新訂わらべうたであそぼう　乳児編』p.120参照）を鑑賞曲で歌うのも良い。図鑑で出てくる鳥ばかりなので，拡大コピーして厚紙に貼り，歌と一緒に見せるのもよい。

③　触り当て　かごめ　4歳

『かごめ』

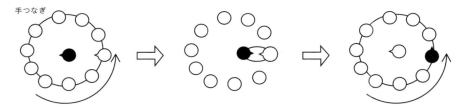

＊今でも歌い遊びつがれている最もポピュラーな遊びです。それだけに，地域によって歌は様々です。その地域の歌をよく聞いて，その歌で遊んでも良いと思います。ただ，他の遊びとくっついたものでなく，単純に「触って当てて交代する」「かごめ」だけの歌で，是非遊んで下さい。（『いきいき保育』p.114　2声合唱上のパートに出ています。音楽教室で，後にソルフェージュにつなぐ時は，本の歌で遊びましょう）

＊今の子どもたちには，特にとても大切な遊びです。

・「後ろの正面」＝目をつぶったままで，自分の真後ろに向き前に進む。

・相手をさぐり，触って，誰かを当てるという，動物的な「人」としての出発点が，遊びとして入っているからです。「身体を通して，自分を知る，相手を知る」という，人の本能として先ず獲得しているはずの能力が，試される遊びだからです。

＊そして今，生活環境・社会環境の変化によって，当然獲得されているべき

その本能的な能力が，削がれつつあります。だからこそ，この遊びを通して，子ども達の中に眠っている，その本能を呼び覚まし，何度も繰り返すことで強化していく必要があるのです。

● 実践③

ア）手つなぎでまわり，「だーれ」で座る。何度か歌ってだいたい覚えたら，大人が中に入る。歌が終わったら，先ずはっきりわかるように，真後ろを向き，前に進む。後ろの正面の子を，触って誰かを当てる。触る時，「髪は？」と髪の形・「洋服は？」と襟・袖・名札・スカートやズボンなどを，きちんと触る。そして誰かを当てる。「なんとなく」でなく，髪形や服装の特徴，洋服の生地などに興味を持ち「見る」という力をつけていきたい。

イ）当たった子が中に入り，次の鬼になる。当てる時，どちらに行くかわからないようなら，「後ろの正面よ」と声をかけましょう。それでも，戸惑っていたら，「真後ろ向いて」と言って後ろを正しく向かせ，「そのまま真っ直ぐ進んで」と助けましょう。真後ろに誰もいない時などは，近づいた時に「手で探ってごらん，誰かいるよ」と方法と励ましとを伝えましょう。

★ ポイント③

ア）当てましょう。（遊ぶ日は，子どもの洋服を一通りチェックしておきましょう）いつもなら，大人のモデルがいつも完璧でなくて良い，と思うのですが。この場合は，当たらないと当てられなかった子が，ちょっと寂しい気持ちになるかもしれませんから。2人目までは，し直しOKにしましょう。当てられた子が次の鬼。当てられなくても2人目の子は次の鬼。

イ）ある時期から，「後ろの正面」で真後ろが解らない子たちが出てきました。人は自分の後ろは，見えません。鏡でも，前しか見えません。

　では，どうやって後ろを知るのでしょうか？　人の後ろを見たら，解ります。でもそれは，頭で理解するのであって，自分の身体として感じるのではありません。右手と左手が，一組として感じるように，右足と左足が

一組として感じるように，胴体の前（胸・腹）と後ろ（背中・お尻）は一組です。

ウ）遊んでみて，子ども達の背中が感じられないようでしたら，こんな遊びを。

＊乳児の遊び。背骨を感じる遊びは「イチメドー」があります。背中全体を感じるには，「コーブロ」や「ボーズ」を唱えながら，掌を使って円を描くように触ります。（『「わらべうた」から始める音楽教育　乳児の遊び編』p.41参照）幼児ですから，子ども同士で，大人のように首の下から腰まで，直線的にしっかりと触るのも楽しいでしょう。「かごめ」と並行して２人組で遊ぶと，より背中が感じられて良いでしょう。

＊「せっくんぼ」で背中同士でもたれ合って遊ぶのも良いでしょう。

＊「ぎっこばっこ」などの舟こぎ歌を，背中合わせで使うこともできる。

＊３歳の（２人以上の遊び）大布の舟乗り遊びなどを，もう一度遊ぶのも良いかもしれません。この年齢だと，かなりの激しい動きでも大丈夫です。揺らす子と乗る子の競争になって，どちらも勝ちたいという気持ちがあるので，かえって面白いかもしれません。（但し，乗る子は必ず手を船の外に出すこと。危ないからと，言葉ではっきりと伝えましょう）

④　物まわし当て　たなわたし　5歳

棒かくし『たなわたし』

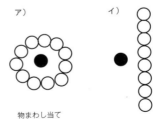

物まわし当て

●　実践④

ア）５歳ですから，「丸くなって棒かくしをします。丸くなりましょう」「当
　　てる役をしたい人いますか？　それとも，鬼きめでしますか？」子ども達
　　で決めさせます。用意した棒を見せて，１人の子に渡します。歌いだしま
　　す。子ども達は，後ろで棒をまわし始め，歌が終わると誰が持っているか
　　を当てる。

　　　当たったら，当てた子と当てられた子が，交代し遊びだす。勿論，歌は
　　まだ覚えていないので大人が歌います。

イ）自由遊びの時など，丸くなるには難しい人数の時は，横一列になってす
　　ることもできる。

★　ポイント④

ア）この一連の言葉かけで，新しい遊びをスムーズにできるようになってい
　　てほしいですね。４歳で，様々な人当てを遊んできた子ども達。言葉でな
　　く，五感で感じて遊びのルールを身体全体で理解してきた子たちは，５歳
　　になると，言葉で理解できる子たちになっているでしょうから，このよう
　　な提供の仕方をしましょう。少しの戸惑いがあっても，今までの体験・体
　　感を通して得てきた情報を思い出し，何を言われているかを理解し，動き
　　だすでしょう。

　　　子ども達同士で助言し合い，協力し合って，鬼が見えないように，遊ん
　　でくれるとうれしいです。３・４歳のわらべうた遊びの中で，遊びの大体
　　の法則を感じて，こうだろうと予測できるようになっていてほしいです。
　　その感覚こそ，宝物になっていきます。

イ）どんな子も鬼になることを恐れないように，失敗や戸惑うことも当たり
　　前，と誰もが待てる子に。自分だけしないですまそうとしない子に。わら
　　べうたを遊ぶ中で，そのように自立し，自律した子ども達に育っていって
　　くれたら，うれしいものです。

2 交互唱

　交互唱の楽しさは，お互いがスムーズに歌い継げることでしょう。その中で，しっかり自分の役目を演じる楽しさでしょう。鬼になって１人や数人で歌うドキドキ感も大切ですが，突然に新しい歌を歌うことは，ドキドキの喜びよりも不安や「？」感の方が大きくなります。

　会話ですから，問と答えでストーリーがあります。そのストーリー全体を良く知り，歌い言えるようになってから，１人や数人で歌う鬼を体験するようにしましょう。

【ルール】

①歌う時のみ，歩く

②輪は基本まわり，又は前後歩き

③鬼は逆まわり，又は真中に立つ・外に立つ

【紹介の仕方】

①基本は，歌と歩き・しぐさのみで伝える

②まず，輪の動きから始める。歌は通して歌うが（セリフがあるものはセリフも言う）輪が動く時は歌い歩き，鬼のところは止まって歌のみ。輪と鬼の分担が解ります。

③輪の歌と動きがスムーズになったら（歩き・止まりの交互），大人は輪からはずれ，鬼になって，歌と動き（セリフ）を見せ，輪の誰かと交代する

A　基本の役交代で遊び，後で交互唱にする遊び

① 　まいまい　4歳　（輪止まり・鬼まわり）

● 　実践①

ア）基本の形で遊びます。はやしの遊びで始め，「にても～」からは輪は基本まわり，鬼は角をつけて自由に歩き，輪の誰かと代わる。

イ）何度目かの遊びの時（役交代がスムーズに遊べ，楽しめるようになった時）もう一度子ども達の中に入って遊びに加わります。勿論，子どものテ

ンポ，子どもの声に合わせて歌い動きます。

そして，鬼になった時に，交互唱のモデルをします。鬼が歌いだす前の拍「あたまだせ」の時に，皆の歌を止めるように皆に向かって両手を差しのべ最後の「せ」の時に手を下ろして，皆の歌と動きを止めます。わからなくて，歌をやめない子もいますが，すぐ自分を指して「私の番」をアピールし，少し大きい声で歌いながら歩きだし，歌の終わりで輪の誰かと交代します。

ウ）後は，輪の中にいて，「にても〜」から動きと歌を止める合図をします。だんだん交互唱とわかり，鬼が歌い歩きだすと，輪の子たちは黙って聞くようになりますので，合図はしません。

★　ポイント①

イ）輪が中心になって歌うア）の遊びの時は，「にても〜」からは歩いた方が楽しい。しかし交互唱になった時は，交互唱のルールにのっとって，輪は歌わない時は止まる。わらべうたでは歌と動作が一緒ですから，歌わない時に止まる方が自然です。

---

②　おじいさんおばあさん　4歳　（鬼まわり・輪止まり）

●　実践②

ア）基本の形で遊びます。

イ）良く遊べるようになったら，交互唱にしていきます。まず，遊びの中に大人が入り，「何くってかがんだ」の「だ」の時に前にいる子の方に向きなおり，片手を差しのべて皆の歌を止め，「えびくってかがんだ」と歌いながら杖を突いて，前の子に渡します。次の子からは，「何くってかがんだ」の所で手を差しのべて，歌を止める合図をし，「えび〜かがんだ」を聞きます。少しずつ合図を小さく，少なくしていきます。

ウ）もっと良く遊べるようになったら，又中に入って，「えび」を「肉」「リンゴ」等の言葉に変えて歌います。もちろん，すぐ変える子もいますし，

「えび」のままの子もいます。遊びを続けること，重ねることで，全ての子が色々な言葉に変えていけるようになります。慣れてきたら，「今日は，くだものシリーズにしよう」などとするのも面白い。何も言わないと，食べられないテレビやボールなども出てきます。勿論，「え！」とか「へー」などとキチンと，面白がりましょう。言葉のリズムが色々になっても，歌が続けばOKにしましょう。

★ ポイント②

ア）杖の拍の音が心地良いように，木の杖にしましょう。ホームセンターなどに売っている丸い棒を，子どもの背たけに合った長さに切ってもらうと良い。杖と足の歩みが一致するのが，目標。

イ）この遊びは，イメージが持ちやすいらしく，よたよたと歩いたり，腰を屈めたりと色々な歩き方をしだします。初めは，どんな歩きであろうと，同じ速さで，歌い続けましょう。しかし，拍に合わない歩きに平気になりそうな時には，わざとその子の歩きに合わせて（速くや遅く）歌います。

ウ）しかし，ゆっくりよたよたに合わせると，拍どころか無茶苦茶に演じるお笑いに流れてしまう危険性がありますので，そんな時はずっと良いテンポで歌い続けます。逆に速いテンポの時は，その子の歩きに合わせることによって，歩きと拍の関係を感じさせることができるようです。

　速くても遅くても，ふざけていても，拍が感じられる時には一緒に歌い，拍が感じられない時には，一緒に歌わない，という方法もあります。

エ）拍がなくなった時には，音楽が感じられなくなり，わらべうたでなくなります。最終的には，永遠に続くような一番心地良いテンポで，杖と歩きの音と歌が流れるシンプルな遊びになっていくまで，遊び続けてほしいものです。

B 輪から歌い始める（鬼は中）
③ ぼうさん 5歳

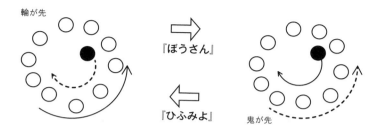

輪が先

『ぼうさん』

『ひふみよ』

鬼が先

● **実践③**

ア）円を作り，手を離して，右向きに立つ。歌いながら，基本まわりで歩き
   だす。子どもの歌う部分（輪）は歩き，坊さんが歌う部分（鬼）は止まる。
   「このかんかん〜」は，中に向いて中にいる鬼を座らせる動作をし，「うし
   ろの正面だ〜れ」は，手をつないで基本まわりで歩き最後に座る。
   「歩きだし・止まり・座らせ・手つなぎ歩き・座る」が解るようにはっき
   り見せる。

＊本来は，全て手離しで歩く遊びかもしれません。でも，それで遊ぶと子ど
   も達は，最後に座る時，遠くに行く面白さを見つけてしまいます。学童な
   ら，その遊びも面白さの一つとなりますが，幼児の場合はそれを面白く感
   じるには，まだ早すぎます。それよりは「後ろの正面を向く」「触って当
   てる」ことの大切さ，面白さが優先します。それで，最後の「うしろの
   〜」からは，手をつないで遊ぶようにしています。

イ）続けて何度か遊び，子どもだけで遊べたら，歌い始めに，円の中に立つ。
   「わたしは田んぼに〜」から歩きだして歌う。子ども達は鬼がどこで交互
   に歌うかは，だいたい解る。座らされたら，目をつぶる。

ウ）皆が座ったら，目をつぶり座ったまま真後ろに向き，前に進む。手探
   りで前に進み，正面の子（真正面にいない時はその近くにいる子）を触っ
   て誰か当てる。当たったら鬼を交代。

エ）2回当たらなかったら，「3回当たらなかったら，違う人に代わろうね」
と知らせる。そんな時は，5歳児なので，鬼をどう決めるか子ども達で決
めさせても良い。（鬼が選ぶ・鬼きめ・希望者がジャンケンで決める等）

★　ポイント③

ア）輪と鬼とを，両方続けて歌う時に，「歩く」と「止まる」をはっきりと
区別することを，習慣づけよう。幼児期に身に付ける，身体コントロール
の一つです。

ウ）大事な点は，鬼がキチンと後ろの正面を向くこと。（人当て4歳触り当
て「かごめ」の所を参照）

④　もどろう　5歳

『もどろう』

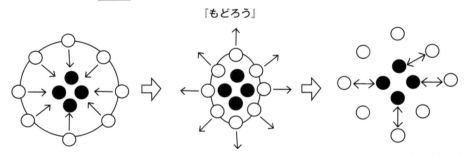

●　実践④

ア）輪になって，手をつなぐ。歌いながら中に4歩入り，その場で4拍歌い，
歌いながら4歩外に戻り，その場で4拍歌う。何度か繰り返し遊ぶ。

イ）だいたい覚えたら，歌の初めに大人が中に入って立ち4拍は黙って「桃
の葉もどろう」を手を拍叩きしながら歌う。4拍黙って「柿の葉かえろ
う」を手を拍叩きし歌いながら，輪の誰かの所に向かい4歩目の「ろう」
で肩に手を置き，中に入るように促す。

ウ）中で向かい合って立ち一緒にもう一度する。「かえろかえろ」で，歌わ
ない時に「代わってね」と言っておく。大人は前回と同じようにもう1人

連れてくる。

エ）３人で向かい合って一緒にする。歌わない時に「代わってね」と言って
　　おく。もう一度大人は同じように新しい１人を連れて来る。

　　　４人で向かい合って一緒にする。「代わってね」と言っておいて，今度
　　は大人も代わる。

オ）基本４人が鬼になる体制ですが，その時の輪の人数によって，柔軟に増
　　やしたり，減らしたりしましょう。そんな時は言葉で，「輪の人数が多い
　　から中の人を，今日は６人にしましょう」と言葉で伝えましょう。

★　ポイント④

イ）短いモチーフでの交互唱で，入れ替わりも早い。スムーズな交代が意外
　　と難しいからか，手を叩かない子が多い。数回，中に入った時に手を叩い
　　てモデルを示すが，それでも叩かない子がいます。

　　　歌うだけでも充分満足なのかもしれない。歌の言葉から，手を叩く，と
　　いう必然性を感じないのかもしれない。一つは，動作なしで数人で歌うと
　　拍が揃わずにバラバラになることがあるので，手を叩くという動作が入っ
　　たのかもしれない。そうだとしたら，拍が乱れてこない限りは手を叩かな
　　くても良いかな，と子ども達に強制はしません。

　　　手を叩かなくても，自然に拍が揃っていくくらいに，それまでの「わら
　　べうた」の遊びを，遊びこんでおきましょう。５歳ですから，子ども達自
　　身が，時には速くし，時には遅く歌い始めても，それに合わせて中の４人
　　の子が自然に答えていく方が，一番美しく楽しくより創造的でイメージ豊
　　かな遊びとなるでしょう。

オ）いつもの４人体制が６人という違う状況になることをキチンと言葉で知
　　らせることは，混乱を防ぎます。また，ルールを守りながら，その時の状
　　況に合った工夫をして，より楽しい遊びにしていくモデルにもなります。

C　鬼から歌い始める（鬼は中）

⑤　ひふみよ　5歳

● 　**実践⑤**

ア）輪になって，手を離し，右向きになる。全て，歌と歩きで示す。鬼から
　　歌うので，初めの4拍は立ち止まったまま歌のみ，次4拍は歩いて歌う，
　　止まって歌う，歩いて歌う，を繰り返す。「おっしゃった」3拍は鬼なの
　　で止まって歌い，「そら，いっかん〜」からは輪も鬼も歌う。最後の「た」
　　で，隣でない誰かと2人組になる。子ども達は，見てすぐ2人組になる。

イ）だいたい遊べたところで，中に入り鬼になって歩きながら歌いだす。皆
　　のところは止まって黙る。歌の終わりで2人組を作る。

ウ）全員2人組になっても，1人の半端が出ても，「さて，次の鬼は誰でし
　　ょう？」と聞いてみる。丁度2人組ができる時は，鬼とつないだ人。半端
　　な時は1人になった人。だいたい解ります。

エ）鬼に当たった子が，する気なら直ぐ代わる。いやがったら，もう一度大
　　人がする。その次は，必ず代わる。偶数で，1人が出ない時は，大人が組
　　む子が鬼ですから，鬼をできそうな子と組みましょう。

　　奇数で1人が出る時は，やりたい子がわざと1人になることもあります。
　　1人になっていたのに「やりたくない」という子には5歳ですから，「で
　　も，鬼になるって解っていたよね」と促しましょう。そして，助けましょ
　　う。

★　**ポイント⑤**

エ）自分1人が，遊びを始めるリーダーになるのですから，皆で始める時よ
　　り，もっと緊張感がいります。ですから，初めの段階では鬼になることを
　　躊躇する子に，強制はしません。しかし，どうなったら鬼になるかルール
　　が解ってきたら，この遊びでは工夫や努力でならないこともできますから，
　　そのあたりはキチンと言ってみましょう。

　　一方，意図的に1人の子を外しているようなことも起こりえます。そん

な時には，大人がスッと加わって１人の半端が出ないようにします。そして
てその子と２人組になってより楽しく遊びます。それは，大人として「そ
れは違うよね」という意思表示です。

　　もう一つ，大人としては，緊張感の強い鬼が先に歌いだす遊びの前に，
輪（多数）から歌いだす役交代の遊びをいくつかして，鬼の楽しさを体験
した後でこの遊びをすることが，大切です。

D　鬼から歌い始める（鬼は外）

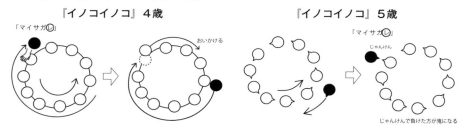

『イノコイノコ』４歳　　　　　　　　　　　　　　　　『イノコイノコ』５歳

⑥　イノコイノコ　4歳

●　実践⑥

ア）丸くなり，手をつないで「歌のみ」と「歌い歩き」を２小節で規則正し
　　く繰り返します。鬼は，輪の外を歩きます。最後の「マイサガレ」の
　　「レ」で前の子の肩を叩いて逃げ出し，グルリと一周して今肩を叩いた子
　　のいたところに入ります。肩を叩かれた子は鬼を追いかけます。途中で鬼
　　をタッチしたら元に戻れますが，鬼に先に入られたら，その子が次の鬼に
　　なります。

イ）どちらかが，輪の中に入り鬼が決まったら，すぐ「イノコイノコ」と歌
　　いだしましょう。そうやって，歌の流れが途中で崩れてしまわないように，
　　いつも落ち着いたテンポで始められるように，助けましょう。

★　ポイント⑥

　ア）鬼に肩を叩かれた人は，逃げる鬼を捕まえるのですが，歌が終わるま

では，動けません。鬼は「レ」で肩を叩くのですが，「マイサガレ」の歩幅や走りだすタイミング，両肩を叩くのか，右肩を叩くか，左肩を叩くか，などによって，捕まりやすかったり，捕まり難かったり，その駆け引きが，面白い遊びです。

⑦　イノコイノコ　5歳

● 実践⑦

ア）「ひふみよ」と同じように丸くなり，手を離して，右を向く。規則正しく，４拍ずつの「歌のみ」と「歩きと歌」の繰り返し。慣れたら，鬼は輪の外をまわります。

イ）最後の「マイサガレ」の「レ」でジャンケンをし，負けの子が鬼になります。「あいこ」は続けて「マイサガレ」と唱えながらジャンケンをします。そうやって，歌の流れを切らずに決まるまで続け，決まったらすぐ「イノコイノコ」と唱えだします。

★　ポイント⑦

ア）円で手をつないでいると，鬼に肩を叩かれた後，両手を離し，外側に向いて，ジャンケンをし，入れ替わるという４つの動作をしなくてはなりません。

イ）手を離して歩けば，鬼と対面で歩いているので，自分がジャンケンをすることの予想ができますし，入れ替わりもいつもの役交代と同じ，方向転換ですから，スムーズにできます。「レ」でジャンケンして次のＺ（休符）で入れ替われば，歌はそのまま歌い続けられます。この切れ目のない役交代は，全員の門くぐりと同じように∞（無限）の繰り返しの心地良さを体感できます。

ウ）教師たちの勉強会でこれを遊んだ時（８人だったのですが）初めにモデルをした私は負け続け，皆は「ケラケラ」と笑いながら歌い遊び続けました。最後の１人でやっと交代したのですが，その人も負け続け，皆，笑う

笑う！　でも歌は続き遊びも続く。同じように最後の1人でやっと交代。「また，負け続けたりして」と「ほんと」と笑い合って遊びだしたら，その通りになったのです。「ジンクスになった！」と遊びだす。残念ながら，次は2人目で交代。でも全員ニコニコで遊びました。

　次の週の復習で遊んだ時には，先週お休みだった人に前週の話をして，「今日は大丈夫よ」と私が始めたらまた最後の1人まで負け続け「うそでしょう！」「ジンクス！」などと騒ぎながらも遊び続け，その後は普通に交代になりました。でも，本当に楽しみました。

　子ども達も，偶然同じ人になったり，負け続ける人がいたりすると，本当に良く笑います。何故か，面白く思うのです。そんな笑いは遊びを後押しすることはあっても，遊びが止まることはありません。

3　問答つき

『こんこんさん』『あぶくたった』

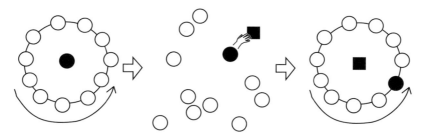

① 　鬼は中　手つなぎ輪左まわり　こんこんさん　あぶくたった　3歳
② 　鬼は外　手つなぎ輪左まわり　ことしのぼたん（鬼途中輪に入る）4歳
　　　　　　　　　　　　　　　　れんげつもか　5歳
③ 　自由隊形　セリフ中心　やまとのげんくろうはん　4歳
　　　　　　　おちゃつみちゃつみ　5歳

　人形で前もって見せることもできるが，まっすぐ遊びで入る方が良い。遊びながらでも理解できるように，しぐさ遊び・歩き・基本の役交代をしっかり遊んでおこう。その上で遊ぶ時，この問答付きの遊びは，ただの追いかけっこではなく，それぞれの子どもの表現ゆたかな劇的な遊びとなってゆきます。

　セリフには，ストーリー性があり，鬼と皆とどちらが言っているか，良く聴いていれば見当がつきます。最後に捕まえ鬼が入り「へびのいきたん」「おばけ」など子どもの言ってみたい言葉を言えるので，多くの子どもが鬼をしたがり，良く聴く遊びです。人形で，解答を見せてしまうより遊びで聞き耳をたてて，想像しながらの方が，より楽しいのではないでしょうか。

★　ポイント　問答つき

ア）歌を歌う時は，輪になって基本まわり。その後問答最後は捕まえ鬼。

　　①②はセリフが中心で，歌も歩きでなく仕草。隊形も輪でも自由隊形でも良い③。それぞれの表現を楽しみたい。

イ）歌で一緒に動き，セリフは大人が両方を言って何度も遊ぶ。

ウ）その中で，自然に皆で言うセリフを言い出せば，そこは子ども達にまかせ，鬼のセリフだけを言い，追いかけて捕まえる。大人が鬼を何回かして，鬼をしたい子が出てきたら思い切ってさせてみる。

　　忘れたり，戸惑ったりしたら，初めの一言を言ったりして助ける。

エ）年長での遊びでは，たっぷり遊んだ後に，子ども達が答えをアレンジして遊びだしたら，それはより創造的な遊びになります。

◎第三段階

1 減り増える　最後に捕まった子が，次の鬼

A　だんだんいなくなる
① ねずみねずみ　4歳 （捕まえ鬼）

『ねずみねずみ』

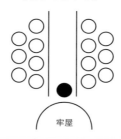

牢屋

● **実践①**

ア）１人が猫になり，隠れたネズミを探して捕まえる。つかまったネズミは
　　次から猫になって，一緒にネズミを捕まえる。猫がどんどん増えていき，
　　全員猫になったら，最後に猫になった子が，次の猫。猫が多数なので，最
　　後の猫が，何人もいる時は，ジャンケンか鬼きめで決める。

イ）ネズミは左右２つの陣地にわかれ，その間に猫はいる。皆で歌い，歌い
　　終わると向かいの陣地に一斉に入れ替わる。
　　　陣地と陣地の間で，猫にタッチされたら，猫の牢屋に入る。すぐ歌い出
　　し，歌が終わったら，残りのねずみが陣地を入れ替わる。繰り返して全員
　　が捕まったら終わり。最後に捕まった子が次の猫になる。

＊人数が多い時は，１人が猫を数回したあと，捕まったら猫になるようにす
　　ると，一回が早く終わるようになります。

★　**ポイント①**

ア）探すのに夢中になると，歌がなくなります。大人がずっと，歌い続けて
　　歌がなくなると気持ちが悪いようにしましょう。「かくれんぼ」は昔は，

最も定番の遊びでしたが，今はあまりしないようです。学童の子ども達が，嬉々として遊ぶ姿を見て，幼児の間にこんな形でも「かくれんぼ」を体験させたいと，思いました。勿論，初めに隠れる時は幾つか数を数え，歌い出しが探し出しの合図になります。幾つ数えるかは子ども達に決めさせましょう。様子をみて，数を少なくする，多くするなどで，面白くなるようなら，提案しましょう。

イ）初めは，猫を１人でする。人数が多くて，あまりに時間がかかる時には，「猫が１人だと，余りに大変だから，２人や３人増やす？」と提案する。人数も，子ども達に決めさせ，うまくいかなければ，増やすか減らすかを提案する。

B　円
a）当たった人が鬼の前につく

＊鬼に選ばれた人が順次鬼になっていき，全員鬼になって終わる

＊最後の鬼が初めの鬼になって，新しく始まる

② 　じじばばねてろ　4歳　輪止まり　鬼中を歩く

『じじばばねてろ』

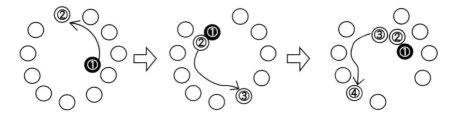

● 　実践②

ア）「皆，寝ててね」と両手を合わせて寝るポーズを見せて，座るように示す。鬼は円の内側を基本まわりでまわり，「ちゃわかせ」の時に前にいた子を両手で立たせて，自分の前につかせ，その子が次の鬼になる。

最後の子が立たされたら，後の子たちはそのまま円になって座って，新しく始める。こうやって，止まることなく遊び続ける。

　初めの部分で，頭をなでながら歩くと歩きがあわなくなり，だんだん人が少なくなると隣が遠くなって，走らないと間に合わなくなるので，歩くだけで遊ぶようにした。一回ごとに鬼が代わるので，その方が鬼の役に集中してでき，楽しい。

③　カラスカズノコ　[4歳]　輪止まり　鬼外を歩く

『カラスカズノコ』

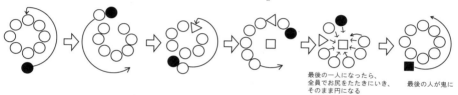

最後の一人になったら，
全員でお尻をたたきにいき，
そのまま円になる

最後の人が鬼に

● **実践③**

ア）両手を出して円になり，近づいて隙間のない円を作ります。その隊形から遊びだすと，間隔を空けて立った時と，まるで面白さが違います。

イ）密着して皆が立ったら，大人が抜けて鬼になり，円の外を左まわりに歌い歩きだします。「カッパノコ」で，そこに居る子の肩に左手を置き，右手でお尻を3回叩きます。叩きおえると同時に，「Z」の所で右手も肩に置いて，自分の前に誘導して歩きださせながら歌いだします。

ウ）最後に1人残った子には，全員でおしりを叩きにいきます。そしてそのまま円になり，最後の子が河童になって，まわりだし2度目を始めます。歌が途切れず，遊びも途切れず，延々と続きます。その楽しいこと，楽しいこと！　子ども達の大好きな遊びの1つです。

★　**ポイント③**

ア）初めに密着していると，1人ずつ抜けた時，自然に隣の子と密着するよ

うに動き，円が段々小さくなるのがとても良く感じられ，面白く感じます。

イ）「3回叩くのよ」とか，「前について」とか，言葉で説明しないといけないようでは，面白くありません。ここまでに「何が始まるか」と注目できる，「真似をするのが当たり前」の子ども達になっていてほしいですね。

ウ）肩に手を置く，3回叩く，は初めはちゃんとできないかもしれませんが，歌が流れ，遊びが続くことを，第一にしましょう。だんだん，気が付いてできるようになります。

b）当たった人は鬼の後ろにつく　5歳

＊全員終わるまで，鬼は1人

＊輪も鬼もまわる　鬼は外

『あめがふった』『おんどりいちわは』『りんしょ』

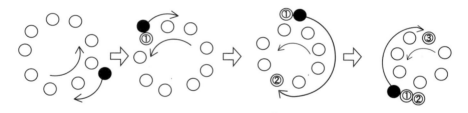

④　あめがふった

ア）輪は基本まわり，鬼は輪の外を逆まわり

歌の終わり「よいやさよいやさ」で止まって向かい合った人の肩を4回叩く。叩かれた人は鬼の後ろにつき，一緒に歩きだす。

全員終わったら，すぐ歌いだし，最後の人はそのまま逆まわりで鬼になり，他の皆は方向転換して基本まわりで歩きだす。

⑤　おんどりいちわは

ア）輪は基本まわり，鬼は輪の外を逆まわり

歌の終わり「ぽこぺん」で，出合った輪の子の肩をその勺の数だけ叩く。

五匁までしたら，鬼は後ろにつき，２番目の子が鬼になって五匁までして，３番目が鬼，４番目，５番目と代わっていく。

イ）慣れてきたら，10人くらいのグループに分かれて，それぞれで遊ぶのも楽しい。

⑥　りんしょ

ア）輪は基本まわり，鬼は輪の外を逆まわり

　　歌いながら両方歩きます。鬼は「なーも」で丁度出合う輪の子の肩にタッチして，後ろに付いてくるように合図する。10人まではそのままの数で歌い続けます。

イ）全員終わったら，「これあがり」とそれを「振れ広めるごとく」に両手を広げる。全員がいなくなって，「上がり」なのです。双六の「上がり」と同じくおめでたい！　この儀式が大切。そして，即，最後に当たった子が鬼になって，遊び歌いだす。

★　**ポイント④・⑤・⑥**

ア）１人鬼です。当たった順番に鬼の後ろに入るのが，基本です。

イ）全員鬼の後ろについて「０」になったことを確認すること。動きと言葉の両方で表しましょう。「これあがり」も歌の内です。歌の流れを壊さないように，そのまま２回目を始めます。

ウ）２回目を始める時，鬼は同じ方向，輪の皆は逆方向になります。勿論，教えません。戸惑いの中から，子ども自身が気が付くのです。

c）円の門くぐり　5歳

　　（門くぐり第二段階の手つなぎの門くぐりの後に遊びます p.92参照）

⑦　オツキサマクグルハ

●　実践⑦

ア）先ず円になり，輪は基本まわり，続けて２回目は，輪は手を上げて門を

作り歌の終わりで門を落とす。2回で1組の遊び。何度か，2回1組を体験させる。

イ）慣れたら輪を抜けて鬼になり，1度目は輪の外を逆歩き。2回目は門を自由にくぐって歩き，歌の終わりで近くの子の肩に両手を置いて，後ろにつくように示す。

ウ）輪は，隣が抜けたら，直ぐ手をつなぎ直して「オツキサマ〜」とまわりだし，鬼は輪の外を逆まわりする。輪はまた歌の終わりで門を作り，2回目で鬼たちは門を自由にくぐって歩き歌の終わりで鬼を増やす。鬼の後ろは増えていき，輪はだんだん小さくなる。

エ）最後の1人にタッチしたら，その子は直ぐ外に出て，他の皆は「オツキサマ〜」と唱えながら輪になりまわり始める。

★　ポイント⑦

ア）走りたくなるが，歩く遊び。

　「お昼，空に出るのは？」「夜，そらに出るのは？」「お日様と，お月さまと，どうちがう？」色々皆で，出し合おう。

　静けさ・黄色・白色・形が変わる等，静かに話し合い，静かに両手を出して円を作り，歩き門を作り歌う。そしてまた歩きだす。

イ）両手の子同士の手をつながせて，大人は抜ける。円の外側に立ち，自分の歩きの方向に向く。輪の皆に「皆は，どっち向く？」と聞く。基本まわりの方＝右方向に向くのを待って，歌い歩きだす。2回目の時も静かに落ち着いて門をくぐり，歌の最後では前にいる子の肩をしっかり触って，付いてくるようにする。

ウ）鬼の人数が少ない時は，スムーズに輪の外に出られるでしょうが，人数が増えると終わりの人が輪の中に残るようになってきます。そこで，残された人が慌てたり，中でまわったり，中で待っていたり，早めに輪の外に出たり，様々な対応が出てくるでしょう。5歳児。慌てるのは自分の状況が違っていると解っているから。そのまま中にいたり待っていたりするの

は，鬼の先頭がまた中に入ってくるのが解っているから，早めに外に出る
のは「後ろの子たちが一緒に輪の外が歩けるようにするには？」と工夫し
たから。様々な結果を皆で楽しみ，面白がり，次に何が起こるか，自分な
らどうするか，頭も身体もいっぱい使い合って，遊びましょう。大人は，
横にいて観客となり，楽しませてもらいましょう。

＊同じ歌で，手をつないだ門くぐりで遊んでから（４歳の片手門），この減
り増える遊びをしましょう。（歌の終わりで門が降りる感覚が，身に付い
ていると面白くなる）

⑧　たなばたのかみさんが

『たなばたのかみさんが』

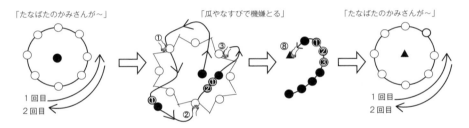

● 実践⑧

ア）鬼は七夕の神さま。輪の真中に立つ。先ず円になり，歌いながら基本まわ
り。真中にいる神様を座らせる。

　　今度は逆まわり。止まって全員が手を上げて門を作りながら，「ウリヤ
ナスビ〜」を２〜３回続けて唱える。初めに戻って「たなばたの〜」とま
わり，遊び続ける。

イ）輪の動きがだいたいできたら，鬼になって，鬼の動きを見せる。「ウリ
ヤ〜」から走りだし門を好きにくぐりぬけ「キゲントル」の「ル」の時に
その近くの輪の人をどんどんタッチして後ろについてきてもらい，最後の
１人が決まったら，その子を残して皆は輪になり「たなばたの〜」と歌い
だして２度目を始める。

ア）「オツキサマクグルハ」と両方するなら，こちらは後に遊ぶ。

自由隊形　5歳

⑨　にわとりいっぱ

『にわとりいっぱ』

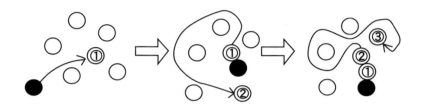

● 　実践⑨

ア）「鶏になって，家をきめて座って待ってて」で，歌い歩きだします。自分で決めた人のところに自由に歩きながら近づき，最後（３回目）の「ちょこほい」の時に両肩を叩き，前に立ってもらい，歌いだす。

イ）今当たった子が先頭になって，次の子の所に行き，最後の「ちょこほい」で肩叩く。10人で終わり。それ以上に鶏が残っていたら，最後の子が，初めの鬼になって始めるように合図をして歌いだす。後の子ども達は，枠外に座るように合図。10匁までいかなくても，なくなったら，そこで，終わり。

ウ）全員終わったら，すぐ歌いだす。戸惑う子もいるが，５歳児です。多くの子は，元の体勢（自由隊形で座る）にすぐ戻るでしょうし，最後の子が次の鬼を始めるでしょう。

★　ポイント⑨

ア）人数が多ければ，グループに分けて，２～３人の鬼を作ってもよい。

イ）今まで，多くの「わらべうた」を遊んできた子たちなら，まだ捕まえら

れない子たちがいたら，全員終わるまでまだ続くと予想がつくでしょう。

ウ）今まで，多くの「わらべうた」を遊んできた子たちなら，遊びが一回で
終わることはないと，知っています。最後の鬼の子が，とまどって，１匁
で始めても次の子を決められなかったら，その子が１匁ができるまで１匁
を歌えば良い。できたら，２匁に進めばよい。歌の流れを止めない。

2 条件付 5歳

① ねこがごふくやに（条件に合う人だけが逃げる捕まえ鬼）

『ねこがごふくやに』

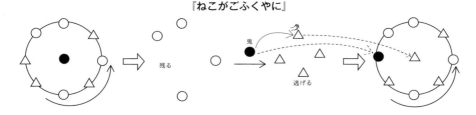

● 実践①

ア）輪をつくり手をつなぎ歌いながら基本まわり。「にゃにゃもん〜」から
は止まる。３〜５回遊んだら，大人は真中に立って「にゃにゃもん〜」か
ら歌い，歌い終わったら皆を追いかけて１人捕まえる。この遊びをする頃
には捕まったら次の鬼，と解るはずなので，すぐ元の位置で手を広げ，つ
なぐ格好を示して基本まわりに歩き歌い始める。体勢を作りながら遊び始
める。

イ）充分遊んだら「今日は私が最初の鬼をします」と言って，真中に立ちま
す。子ども達が歌い，鬼の番になったら，「ネズミ色」の所を，違う色で
歌う。そして，歌い終わった後に，何が起こったか解るまで，ちょっと待
つ。

　解った子から，逃げ出すので，２〜３人逃げ出した時点で，追いかけ出
す。捕まえた子に，次の鬼をしてもらう。だんだんに，何が変わったか解
っていけば良い。

ア）この遊びをする頃には，数回で歌を覚えるようになっているようにした
　　い。その為には，モデルの回数を第二段階の頃から少しずつ少なく，早め
　　に歌を切り上げるようにする。

イ）鬼ごっこで終わる遊びは，常に鬼が捕まった途端に，歌いだすようにす
　　る。そうでないと，いつまでも遊びを始めなくなり，面白さが半減する。
　　　　体勢が整うまで待っていると，早く体勢を作った子たちの，ワクワクド
　　キドキの心が冷めていってしまう。キチンと体勢が整わなくても，皆がそ
　　の形を心の中で想像できていれば，充分楽しく遊べるし，想像できていれ
　　ば，早くその形を作ろうとする。自然に，全ての子が活き活きと動いて，
　　早く遊びの形を作ろうとして，楽しさが持続する。楽しさが持続しだすと，
　　自然に身体が柔らかくしなやかに動いて，全てが美しくまわりだします。

ウ）大人がモデルをする時，解りそうな子が2人以上いる「色」を選びまし
　　ょう。そして，その色を身に着けている子たちの，その色の部分を見つめ
　　ましょう。より多くの子にするには，決まった上履きをはいていたら，そ
　　の色を言っても良いですね。全員なのだけど，色がちがう。ヒントになり
　　ます。

エ）5歳になった子たちは，なぞなぞなど，面白くなってきます。「何？」
　　と思って，集中して「見る，聴く，考える」この習慣化は，とても大切で
　　すし，毎日を面白くしていきます。

②　ほうしほうし　グループ作り

ア）輪を作り，手をつないで基本まわり。「3人」で歌い，最後で3人組で
　　手をつなぎ，皆が3人組になるのを待つ。残りが出たら，「1人残った」
　　とか「2人残った」とか確認して，すぐその3人組のまま歌いだしまわっ
　　て，4人とか5人とか変えて歌い新しい組を作る。

イ）数回遊べば，遊びは解るので，1人が残った時「あなたが，何人か決め

て歌って」と言う。「何人か決まった？」と聞いて，「決まった」と言ったら歌い始め，何人の所は黙ってその子の歌を聴き，その人数で組む。

ウ）次からは，聴かないですぐ歌いだす。歌えなかったら，すぐもう一度歌いだして歌い続ける。止まって待つより，何度も歌う方が面白くて，笑ってくる。笑いの中で，不器用な子も決断の遅い子も，待ってもらえる。ただ，わざと歌わない子も出てくる可能性はある。その時は，大人の腕の見せ所。どんな子か，今のその子の状態は，等から，甘えさせてそれに付き合うか，「あら，決めきれないの？」と挑戦するか。子どもが満足する方法を！

★　ポイント②

イ）1組の人数が多いと，鬼になる人数が複数になることが出てくる。その時は，「鬼はどうやって決める？」と皆に聞く。子ども達でルールを作るのは楽しい。残り全員で相談して決める方法・ジャンケンや鬼きめで1人を選ぶ方法，など。

ウ）思いもつかない方法を提案した時など，うまくいかなくても良いので実際にして見ると良い。自分の体験から何かを考え出すこと，それを実際にしてみること，その結果を受け入れること，この3過程を遊びで体験することは，生きていく上で，また学びの上で，とても大切なこと。

　＊勿論，元歌の3人でもかまわない。その柔軟さも身に付けたい。

エ）特に，今の子は失敗を許されないことが多い。遊びの中で失敗して，「うまくいかなかったね。でも誰も思いつかなかったことができて，面白かったよね」と皆で楽しむ体験を，是非させてあげてほしいのです。勿論，人や物を傷つける行為はいけません。でも，そのアイデアで傷つけないで，できる方法はないかを，皆で考えるのは，もっと素晴らしいですね。

3　複数鬼　5歳

a)　2人鬼
①　ひとまねこまね

『ひとまねこまね』

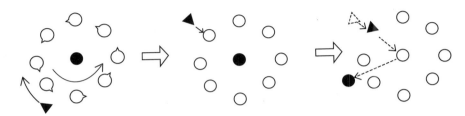

● **実践①**

ア）両手を出して手をつなぎ輪を作る。手を離して歌いながら基本まわりで
　　歩く。歌の終わりで止まり「こんこん」と鳴く。数回する。

イ）輪が歌いまわりだしたら，大人が鬼になり狐のお面を持って輪の外側を
　　逆歩き。歌の終わりで止まった時に前にいる子に狐のお面を渡す。

ウ）お面を貰った子が「コンコン」と鳴く。その後，「今〇〇さんが鳴いた
　　けど，今のように誰が鳴いたか当てっこしたいのね。誰かしたい人は？」
　　と募る。希望する子たちの中で，鬼を決め，輪の中に座って目をつむる。

エ）もう一度，鬼を大人がして，歌の終わりでお面を渡し，渡された子が
　　「コンコン」と鳴く。中の鬼が誰か当てる。2回までは，はずれても良い。

オ）当てた子が外のお面を持つ役，当てられた子が真中で座る鬼，お面を持
　　っていた子は輪の中に（鳴いて当てられた子のいた場所に）入る。

★　**ポイント①**

イ）布でなく，狐のお面を探して，お面を渡して鳴くようにしたい。お面を
　　かぶると，子ども達がどんなに嬉々として鳴くことか！　なければ，お手
　　製でも充分。

ウ）鬼の候補者が複数の時は，鬼きめやジャンケンなどで決める。

エ）この時点で，鬼になる希望者が誰もいなかったら，今までの遊びを見直す必要がある。順序をおって，易しい遊びから積み重なってしてきたのか，当たっても当たらなくても楽しい，面白いという体験，「やってみたい」という遊び心が，育ってきたのか。振り返ってみましょう。

オ）この遊びの前に，単純な役交代で遊ぶのも良い。輪が基本まわり，鬼が逆まわり。歌の終わりで，鬼の近くに居た子にお面を渡す。お面を渡された子はその場で「コンコン」と鳴いて，「ひとまね〜」と輪も鬼も歩きだす。元の鬼は新しい鬼が居た場所に入る。という，基本の役交代の遊びをここでして，様々な「コンコン」で鳴くのも，それはそれで面白く楽しい。色々な声音を遊んだ後だと，当たらないようにする駆け引きが，面白くなるでしょう。

②　かくれかごとかご1

『かくれかごとかご』1

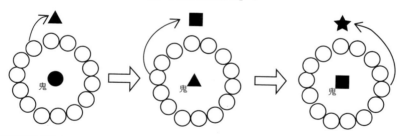

● 実践②

ア）いつものように，両手を出して円になり，「カラスカズノコ」のように隙間のない円を作ります。「大きな籠ができました。ここから1人誰かがいなくなります」と語り，「誰がいなくなったか？の遊びを始めます」「籠の中に居て，誰が籠の外に居なくなったか当てたい人」と募ります。希望者や，ジャンケン，鬼きめなどで鬼を決めます。

　決まったら「目をつぶって座って下さい」と真中に座らせる。「鬼から

見えないように，籠で囲みましょう」と告げて，歌いだす。歌いながら，大人が1人の子を指定して，輪の外に隠れさせる。

　3回歌ったら歌をやめ，「誰が居なくなったでしょう？」と聞く。

イ）鬼は目を明けて，誰が居ないかを当てる。当たったら，当てられた子が鬼になる。もう，新しい鬼は輪の中に入るでしょう。「前の鬼は，隠れる人をあなたが決めるので，考えて」「その間に，皆はさっき，何回歌ったか，思い出して」と聞く。

　「始めていい？」と今の鬼・前の鬼・皆に聞く。何故，聞かれたか解っているなら，歌いだしましょう。解らないようなら，「鬼は？　前の鬼は？　皆は？　何をするんだっけ？」と聞いてみましょう。

　後は，歌いながら全て，しぐさとメタコミュニケーションで，前の鬼に隠れる人を指してもらい，その人を輪の外に出し，見えないように皆で囲む。歌い終わったら，目を開けて当てる。

ウ）次からは，歌を歌う意外は大人は色々言わずに，子ども達にまかせましょう。

★　ポイント②

ア）形態は変わらず不在を当てる，遊びの形としては簡単な遊びです。子ども達で，こうじゃないああじゃないと進めていかせましょう。

　うまくいかなかったとしても，問題があったとしても，子ども達で解決させましょう。うまくいかず，相談されたら「何が問題なの？」「何故そうなったの？」と聞いてあげ，子ども達で考えるヒントをあげましょう。

③　かくれかごとかご2

『かくれかごとかご』2

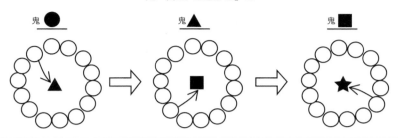

● **実践③**

ア）「今日は，人かくしをします」「皆が，隠す籠になってかくします」「隠れた人を，当てたい人」と問い掛け，希望者や，鬼きめ，ジャンケンなどの，色々な決め方の中から選び，鬼を決めます。

イ）「では，中に隠れる人を今から決めるので，鬼さんは部屋の外に行ってください」と伝えます。よく解った子がいれば，私が言う前に，鬼が決まった所で「鬼外に出て」というかもしれません。そんなことを言ってくれたら，どんなにうれしいでしょう！　隠れる子も，募りましょう。その中から先ずは選びましょう。多ければジャンケンや，鬼きめで決めましょう。その声が大きいと，外にいる鬼にはヒントになるかもしれませんね。それも，一つの面白さや，工夫のヒントになるでしょう。隠れる人が決まって中に隠れたら，歌いだします。恐らく何も言わなくても，歌いだせば鬼の子は入ってくるでしょう。

ウ）3回歌い終わると，歌をやめます。その間に，当てられなかったらもう一度だけ歌います。当てれば，当てられた子が次の鬼になって，部屋の外に出ます。当てられなかったら，答え合わせをして，中の子を見せてあげましょう。その後，違う人に隠れてもらい，もう一度挑戦するか鬼を代わるか，選ばせましょう。選んだ方で遊び続けましょう。

ア）かくれかごとかご１の体験があるクラスだと，予測がつくので，初めの
　　当てる役の鬼も，希望者はあるでしょう。突然だと，予測がつかず不安に
　　思うでしょう。

イ）当てる役も，当てられる役も，希望者から遊び始めましょう。役交代の
　　初めに書いたように，楽しく遊ぶ為です。回数を重ねることで，誰もが遊
　　べるようになっていきます。また，役をしなくても楽しく遊べる子もいる
　　でしょう。

　　　その子その子の，好きな遊び，好きな役があるでしょう。参加するだけ
　　で，楽しんでいる子もいるでしょう。一人ずつの，そんな好みに気が付く
　　ことは，大人として素敵なことです。でもそうだからといって，５歳児に
　　「役をしない」ことを認めるのは良くありません。気持ちを認めつつも，
　　なんらかの助けをしながら，参加させましょう。本来なら，４歳の終わり
　　には，どの子も参加するのが，楽しいこと，自分にとって大切なことだと，
　　体験としてわかっていてほしいものです。

b）　３人鬼　３つの世界の交互唱
④　ほうずきばあさん

『ほうずきばあさん』

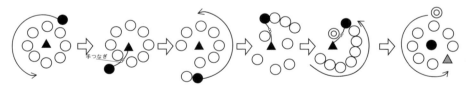

＊一つの方法は，人形を使って，ほおずき・買いに来る人・おばあさんの３
　　役を見せて，始める方法もあります。昔，私もそうしていました。今は，
　　それは鑑賞として見せる方が良いと思っています。

●　実践④

ア）５歳児ですので，「皆，ほおずきの，種になって寝てて。１人ほおずき

の世話をするお婆さんになって」で始めた方が良いように思います。皆は固まってうつ伏せになり，おばあさんは，その中に立ちます。お婆さんには水やりの道具（プラスチックの洗面器やジョウロ）などを，「水やりに使って」と渡しておくのも良いでしょう。

イ）大人が，買いに来る人になって，皆の周りを基本まわりで歌いだします。「まだ芽が出ないよ」と「もう芽が出たよ」では，立ち止まって「みんな」と声をかけて，歌います。すぐ，子ども達は歌いだします。「芽が出たよ」で誰かが出てくれば，その子のところにおばあさんを呼んで，「出ているよ」とその子の頭越しに手を差し出し，「はじからどんどん抜いとくれ」と一緒に歌うように目を見て口に注目するように歌います。それからその子を抜いて，後ろについてくるように手で示して，「ほうずきばあさん〜」と始めます。

ウ）2人目からは，どの子を抜くかおばあさん役が決めます。先頭の鬼だけが，そのほおずきの所に行って握手をし，抜いてきて後ろにつけて，先頭に戻り，歌い始めます。そうやって全部抜き終わったら，終わり。

エ）最後に抜かれた子が，買いに来る人。買いに来た大人がおばあさん。おばあさんはほおずき，と役を代わって，遊びだす。

オ）大人がおばあさん役になった時は，子ども達を本物のほおずきの苗のように水やり，肥料（花おはじき）やり，草抜き，など色々すると，皆も真似をして，楽しい。

★　ポイント④

ア）1日目は，恐らくほとんど歌の全てを，大人は歌い続けることになるでしょう。「わらべうた」を一杯遊んできた子たちなら，数回で覚えるでしょう。でも，不安な気持ちで考えながら歌うのでなく，安心して楽しく流れるように歌いながら遊んで，感覚的に覚えてしまうまで歌ってあげましょう。その代わり，2度目以降は少しずつ言葉を減らしていき，自然に子ども達だけで安心して歌えるように，していきます。

ウ）芽が出ても，少ししか手を伸ばさない子や，逆に高く立ち上がったりする子も出てくる。そんな時は，おばあさんと「こっちの方が良く伸びてるね」とか「背が伸びすぎて実が少ししかつかないのじゃない？」などと会話を楽しむのも良い。

エ）「まだ芽が出ないよ」と出てこない子も出てくる。ちゃんと歌っていれば可。歌っていなかったら，「歌が聞こえないから，この苗は枯れてるよ，抜こう！」歌っていても，芽が出てこない時には，本物の植物のつもりで。「水が足りないのでは」「肥料が足りないのでは」「肥料は上からでなくて，土の中に，根元から少し離して入れなくちゃ」と土掘りをして周りに蒔く。それでもダメな時には，「根腐れしたのよ，抜きましょう」と皆で抱えて，違う場所に移す。勿論その時には，最後であっても，鬼にはなれず，キチンと抜かれた最後の子が鬼になる。

オ）5歳児での最後の自由遊びのわらべうた。是非，本物のほおずき，鉢植えを見せましょう。家で，ポットや鉢植えで，植物を育てている子などいたら，水やりなど教えてくれるかもしれません。園で朝顔など育てているなら，より楽しい遊びになるでしょう。

＊周りのお年寄りで，ほおずきの実を出して鳴らすことができる人がいたら，見せて聞かせてもらいましょう。外のからを逆さに立てて人形を作っても良いですね。枝から実だけ切り取り，ドライフラワーのように飾ることも。

カ）本当の植物ではないけれど，その植物のことを想像し，その思いを想像し，それに答える如く見える形で行動する。これこそ，内的聴感です。
　　楽譜という，無機的な記号から，生きている音を想像し，その感情を汲み取り，それを形としていく音楽。その原点は，こんな遊びの中に，ひそんでいます。

キ）拍で歩く。歌わない時は止まる。最後に抜かれたほおずきの子が買いに来る人に，買いに来た人がおばあさんに，おばあさんはほおずきに，なる。
　　このルールがあれば，後はどんなに物語をふくらませても，良いのです。
　　5歳児のファンタジーの世界が開けると嬉しいですね。

(2)　門くぐり（人生の節目・階段）

《門くぐりについて》　理論編 p.48〜52・78〜85

＊輪になって，右に向く＝左まわり＝基本まわり（1人ずつ・手つなぎ・2人組）

＊片手門は輪と対面・両手門は輪と十字に立つ。

＊歌の終わりで，門は落ちます。しかし，遊びは永遠に続くように繰り返されます。

＊門を落とす楽しさ，門をすり抜ける楽しさ，門に架かった悔しさと面白さ，それぞれの思いが交差して，まさに子どもたちの世界です。そして，永遠に巡りゆく宇宙を体感する，「わらべうた」でしか味わえない世界です。

＊ルールをしっかりと守る中で，いかに自分の思いや欲求を満たしていくのか。その面白さと楽しさを，存分に味わうように，遊びましょう。

＊歩きが基本です。3・4歳は門くぐり遊びも，歩きの課題（練り歩き・先頭交代）をしてから，自然に門くぐりに移行した方が，門くぐり自体を充分楽しめます。

＊3つの門（片手門・両手門・全員門）の違いを，しっかりと体験できるように，楽しめるようにしましょう。

「1　片手門」が基礎です。

門で世界が区切られる。門の前と後ろを区別する。（差別ではない）

しかし，動きや歌は今までと同じ形態で続く。

変わりなく続く繰り返しと，変わりゆく内面（心）の動き。

一見予測でき，解った世界のように見える一方，人の心の動きはそれぞれで，目と耳とを澄まさなければ見えてこない世界かもしれません。

「2　両手門」は選択の遊びです。

一方的に門が落ちて，区別される片手門と違って，これは自分が選んで決める遊びです。所属の選択，好みの選択，人生の選択，の練習です。

その結果は，思った通りの時も，思ってなかった方向に行く時もあること

を，体験するのです。片手門・全員門のように，ずっと繰り返されていく遊びでなく，一回ごとに決着がつく，門くぐり遊びです。

「3　全員門」は皆が宇宙の一部となって，巡り巡る遊びです。

一人一人が同じテンポ同じ歩幅で歩き一体化します。でもその一体化が可能なのは，一人一人が個として独立できた時です。

《遊びの一覧表》

		第一段階 （3・4歳）	第二段階 （4歳）	第三段階 （5歳）	第四段階 （5歳）
1	片手門	A　一重輪 ①どうどうめぐり ①どんどんばし （きつね） ①こんこんちきちき （おやま・やまほこ）	②オツキサマクグルハ		③なかえのやぶから （子ども2人の門）
		B　2人組の輪	④どんどんばし （こんこ）	⑤ゆすらんかすらん ⑥ひばりひばり	⑦いっせんどうかは ⑧びっきどの
2	両手門		①あんまんだぶり ②まめっちょ・ （じごくごくらく）	③うぐいすのたにわたり	④ひやふやの
3	全員門			片手門 ①裏の天神様から ①モックラモッチハ	両手門 ②こいのたきのぼり ③しみたかほい

1　片手門（分断と継続）

《実践とポイント》

門くぐりの出発点。歌の終わりで理不尽に門は閉ざされ，引っ掛かった人は次の門になる。でも，次の歌が終われば，又元の皆のところに戻れる。しかし，その時はもう新しい仲間（前の人と後ろの人）の中に戻るのです。

A　一重輪
◎第一段階　大人との門＝門くぐりの出発点（輪は手をつながない）
① 　どうどうめぐり　どんどんばし（きつね）　こんこんちきちき（おやま）
　　　3歳

　　こんこんちきちき（やまぼこ）　4歳

　　　　　3歳『どんどんばし（きつね）』『どうどうめぐり』
　　　　　　　　『こんこんちきちき（おやま）』
　　　　　4歳『こんこんちきちき（やまぼこ）』

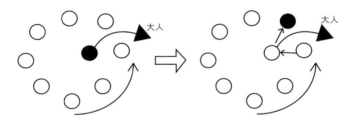

●　実践①

ア）まず，歌いながら歩きましょう。大人が歌い歩きだせば，子どもは自然
　についてきます。歌い歩きましょう。付いてくるのが上手になったら，直
　線やジグザグ歩きなどもしましょう。（（3）歩きの練り歩きを参照）歌を
　覚え，歌いながら歩くのが楽しくなったら，基本まわりの円になって何回
　も歩きます。最低30回を覚えていますか？

イ）2度目には，練り歩きを楽しくしてから円歩きをします。円歩きが心地
　良くなった時，歌の終わりで右手を出して後ろの子の左手とつなぎ，大人
　が輪の外になるように門を作ります。同時に，次の子に門をくぐるよう，
　左手で促します。歌の終わりで門をストンと下ろし，門の子を今通った輪
　の最後の子の後ろにつくようにちょっと手を後ろに誘導し，その返す手で，
　次の子の左手をとり，門を作ります。

ウ）3度目は，円歩きから始めて大丈夫でしょう。もしかしたら，門を作る
　だけで，子ども達は始めてくれるかもしれません。何も言わずに，歌いだ
　しましょう。

イ）初めは，びっくりしたり，もたもたしたとしても，歌の初めで門を作り，
　終わりで門を下ろし後ろについていく。これを，繰り返しましょう。
　　　歌が続いていれば良いのです。ひたすら歌いながら，門を作り，下ろし，
　後ろに誘導し，門を作り，下ろし，誘導します。心地良いテンポ，子ども
　の歩幅に合った歩きで。

☆片手門の時，大人は必ず輪の外側に立つようにしましょう！　何故？
　外側だと，輪全体を見ることができます。内側だと，死角ができてしまい
ます。

ウ）ひたすら，歌い歩きをいたしましょう。ふざけても，門につんつんと頭
　をぶつけても。色々注意や説明を一切しません。門を作り，門を落とし，
　後ろに誘導し，門を作り，落とし，と歌い続けます。できるだけ多くの子
　と，手をつないで門を作り続けましょう。遊び終わった後に，子ども達が
　思わず歌いだすくらいに。それが，一番の近道です。子どもを信頼して，
　歌い続けてください！

◎第二段階　大人との門（輪は手つなぎ）

②　オツキサマクグルハ　4歳

4歳『オツキサマクグルハ』

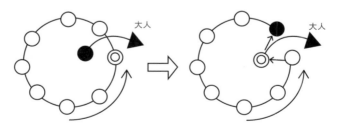

ア）左手を出して，子どもの右手とつなぎます。数人が手をつないだら，歌
　いだして歩きだします。歩幅に気をつけましょう。歩幅が狭いと手のつな

ぎが無意識になり，ひいては歩くことも無意識になります。つなぐ手をピンと伸ばすことで背筋が伸び，それによって歩幅も広くなり，美しい良い歩きとなります。

　練り歩き，先頭交代など，まず，前後の人と，くっつかないように歩きましょう。

イ）第一段階と同じように，練り歩きから円になり，それから門を作ります。歌の終わりで，後ろの子のつないでいる左手を自分の方に寄せて，右手で取って門を作ります。同時に後ろの子を，門をくぐるように誘導します。

ウ）歌の終わりで門を下ろして（手をつないでいるつなぎ目に）輪を切ります。切られた前の子と手をつなぐように，門の子を前に送り出し，その返す手で後ろの子の左手と手をつなぎ，門を作ります。

エ）第一段階と同じように，繰り返し，繰り返し，同じように輪を切って送り出し，門を作る，切って，送り出し，門を作り続ける。

★　ポイント②

ア）手をつないで歩くのは，他の人と同じ速さ，同じ歩幅で歩かないと，うまく歩けません。手をつながない，つながり遊びをたっぷりしてスムーズに歩き，門くぐり，門の交代に，慣れた後にしましょう。そうでないと，無意識の歩きを助長してしまいます。

＊前後の人と，くっつき団子歩きが多い時には，歩きのまま円を作り，「なべぁおおきぐなれ」を遊びましょう。そして，いちばん大きな円を作り，そこでストップ。手を下ろして右向きになり，それから，前後の人と手をつなぎ，「お隣との丁度良い間隔ですね」と言って，遊びだします。

＊4歳後半からは，美的な歩き，美的遊び，を意識していきましょう。お団子歩きがまた続いたら，「なべぁおおきぐなれ」で，遊びましょう。身体で，人との距離を感じることができるように，身体の感性を磨きましょう。それを繰り返すことで，何を求められているか，感覚的に解ってくるでしょう。

イ）新しい門の子は，大人とつなぐ左手は後ろの子とつないでいます。大人がただ手を出すと，右手を出してくるでしょう。大人が，はっきりと意識して，左手に向けて自分の右手を出すことが，大切です。

ウ）手をつないでいない時に比べて，門になる子は，

①自分の前にいる子とつないでいる手（右手）をほどく

②自分の後にいる子とつないでいる手（左手）をほどく

③左手で，門の大人の右手とつなぐと同時に

④方向転換して，輪の皆と対面で立つ

と４つの動作を，一度にしなくてはなりません。

　　大人が前の門の子を送り出し，スッと新しい門の子の左手を捉える自然さが重要になります。大人同士の中で，実際に体験し練習し，身に付けて，子どもたちに降ろしましょう。

エ）ひたすら，歌いつつ遊びましょう。子どもに向かって耳を傾けて，声を出して歌うのを求めましょう。歌っていると，走ったり無茶苦茶に歩くのは難しいのです。

＊この遊びの後に，役交代の「オツキサマクグルハ」をすると，走ったりせずに，美しく遊べるかもしれませんね。

◎第四段階　子ども同士の門（門が交互に交代）

③　なかえのやぶから　5歳　（輪は手をつなぐ）

5歳『なかえのやぶから』　子ども同士の門

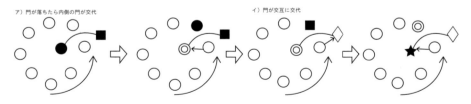

ア）門が落ちたら内側の門が交代　　　　　　　　　イ）門が交互に交代

● 実践③

ア）第一・二段階を遊んできた子たちならば，簡単な練り歩きから円になります。大人が初めは外の門になり，第二段階の門くぐりで遊びます。「ぶいすいすいＺ」の終わりの「すい」で門は落ち，どんどん門が交代します。「すい」で落とした後，「Ｚ＝休符」があるので，充分な時間がとれます。

イ）スムーズになったら，「門くぐりも随分上手になったので，私は抜けて門を皆で作ってほしいのね。したい人？」と募り，２人を選ぶ。

　「さて，今までは片方は私がしていたから，右の門がどんどん代わったけど，そうしたら，左の門の○○ちゃんは，ずっと門になってしまうけど」と問いかけよう。それは困るとなるでしょう。そこで，どうしようかと子どもが考えだしたら，任せる。戸惑うだけなら「内側の門も，外側の門も代わるには，どうしたら良い？」と問い掛けます。そうやって，子ども自身が，問題があった時に，「どうしよう？」と考える習慣をつけましょう。

　それだけで，その日終わったとしても，子ども達は満足でしょう。そして，次に遊ぶ時には，自分たちの問題として，門の交代を注意深くするでしょう。

★ ポイント③

ア）これも，もたもたするかもしれませんが，止まらないで歌いましょう。歌の最後の方で代わったとしても，終わりでは次の人と代わります。

　今までのようにしていけば，一回二回くらい，上手にいかなくても，子ども達はそのまま続けていくでしょう。こんな時，最後の休符Ｚはとても貴重ですね。この休みの間に考えて動けます。

イ）５歳ですから，「あっち側・こっち側」でなく，「内側の門・外側の門」と明確に特定できる言葉を使いましょう。そうやって，言葉で伝える方法を練習しましょう。

B　2人組の輪
《2人組での「片手門の門くぐり」について》

＊「一重輪の門くぐり」遊びでは，門に入りそこなった人が，次の門になります。前と後の世界を区切る門遊び。門を入ることを許された者と，許されない者を分かつ門です。それが門ですから，これが原型の遊びでしょう。
　　2人組での門くぐりになっても，それが本来の遊び方と思います。学童での遊びは，はっきりと対面して拒否された感覚がわかる，この遊び方の方が良いと思います。

＊ただ，幼児の場合は，身体運動，身体の接触，物の受け渡しなどを通しての，体感による体験がわかりやすく，力になるので，大切です。
　　それに対して，対面での交代は，もっと知的な自己確立の進んだ状態での遊びのように感じます。特に2人組の場合は，つないだ手が一番の強い感覚です。そのつないだ手の上に門が落ちたら門になる，というルールの方が，わかりやすく次は自分が門になる，という感覚を持てるのではないでしょうか。だからこそ，早く通り過ぎようとしたり，遠まわりしたりして，引っ掛からないように工夫するのでしょう。

＊そのような体験や思いから，私たちは「2人組のつないだ手に，門が落ちたら，門になる」というルールで遊んでいます。学童で遊ばれる時は，対面でも良いと思います。でも，それがうまくいかない時は，一度「つないだ手」のルールで遊ぶのも良いでしょう。前述しましたように，今の日常生活での体感経験は非常に少ないので，学童でも「わらべうた」で体感経験をいっぱいするのは，力になると思います。

◎第二段階　輪のみ動く

④　どんどんばし（こんこ）　4歳

4歳『どんどんばし（こんこ）』

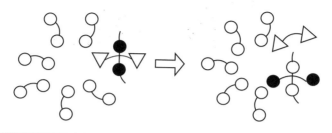

●　実践④

ア）まず，大人が誰かと手をつなぎ，2人組で歌い歩き始めます。子ども達はそれぞれに2人組を作って，ついてくるでしょう。

　　2人組での練り歩きは，方向転換をよりはっきりと示しましょう。直線的に歩き，大人が軸となって身体全体で方向転換（右・左など）し，2人が同じ方向を向いて歩きだすようにすると，解りやすいでしょう。最後に基本の左まわりの円歩きにしましょう。

イ）次の回には練り歩きと円歩きをした後，2人組の子と逆向きに立ち門を作ります。この時，大人が右手で子どもと手をつないでいると，そのまま輪の外側の門に立つことができます。その時，2人の間は細目に立って，門をくぐる2人が縦になって1人ずつ通るようにします。1人での門くぐりをした後であれば，門を作れば，何も言わなくとも子ども達は門をくぐるでしょう。

ウ）横になって進んでいた2人が前後に縦になって門をくぐることが大切です。なぜなら，2人のつないだ手の上に門が落ちた時，次の門になるからです。両手門が，両手の中に丸ごと捉えるのと，はっきりと区別しましょう。

エ）この遊びも初めは少々もたもたしても，だんだんと慣れてくるでしょう。3度目からは，大人なしで，歌いだしましょう。それで，子ども自身が遊

びだすのを待ちましょう。門も，自然に誰かが作るか，「門がいるよ」と子どもが言いだしたら，「そうね，作ったら」と言ってみましょう。誰かが率先してできれば最高。門が２つあっても，もちろん良いのですし。門がいっぱいになったら，きっと皆笑うでしょう。面白がってそのまますするのか，自主的に減らすのか。誰も作らなかったら，ただ２人組で歩くだけでも良いのですから，そのまましましょう。

オ）次の回の時に，誰かが仕切って門を作るかもしれません。歌うこと，歌に合わせて２人組で歩くこと，この２つが最低のルールですから。きっと子ども達は，自由にその時その時で，遊んでいたでしょう。これぞ，わらべうた！　この自主性，自発性，型やぶり。これが生きる力です。

★　ポイント④

イ）門くぐりは，はっきりと前と後ろの世界が，分かたれていることが大切です。一方２人組の証しは，２人のつないだ手にあるように感じます。どちらにしても，輪の中に戻る門の子たちも，新しい門の子たちも，手を一度離して，違う方の手をつなぎなおします。新しい世界に入るのです。

オ）こんな風に，自由になってしまった時は，次の回でどうするか見ましょう。また，自由なままで門くぐりがないまま，もしも終わったら，次の回には，「今日は門くぐりでしたいけど」と提案してみましょう。「忘れてない？」と聞けば「覚えているよ」としだすでしょう。

　第三段階の遊びに行く前に，この２人組の門くぐりを，自分たちだけでできるように，慣れておく必要があります。

◎第三段階 [5歳]

⑤　ゆすらんかすらん　輪も門も動く

5歳『ゆすらんかすらん』

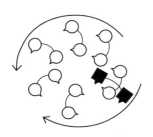

『ひばりひばり』

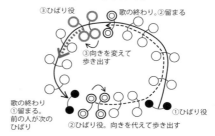

③ひばり役　　歌の終わり。②留まる

③向きを変えて
歩き出す

歌の終わり
①留まる。
前の人が次の
ひばり

②ひばり役。向きを代えて歩き出す

①ひばり役

● 　実践⑤

ア）歌いながら，２人組で右向きの円で歩く。鬼は対面で，皆の上をスカー
　フで作った門で通り過ぎていく。スカーフは「高い」「低い」に合わせて
　高低をつけても良い。「あっぱっぱ」で止まり，前にいる２人組に「跳ん
　で」とスカーフを飛び越えさせてから，スカーフを渡し，交代する。

★ 　ポイント⑤

ア）門くぐりに良く慣れた子ども達なら，「２人組で，まわろう」の声かけ
　をして，すぐ，大人と子どもの２人組が，スカーフを持って歩き出しても
　良い。

イ）良く遊べたクラスでは，スカーフで様々に工夫して遊ぶ。
　　跳び越えるだけでなく，くぐるようにしたり，跳びもくぐるもできる高
　さにしたり，２人のスカーフの高さを違えて斜めにしたり，面白くするこ
　ともできる。

⑥　ひばりひばり　輪または自由隊形

● 　実践⑥

ア）「ゆすらんかすらん」が良く遊べたクラスでしましょう。歌が長いのと，
　「ひばり」になって渡っていく２人組以外の子ども達は，ほとんど動かな

い遊びですから，想像力やジッとできる筋力などが育っていないと，退屈な遊びになってしまいます。

　先ずは，歌が流れるように２人組でそれぞれが「ひばり」になったつもりで練り歩きしましょう。「ココジャココジャ」の最後の「ジャ」で止まり，一呼吸おいたらすぐ，歌い歩きだしましょう。（役交代の「にわとりいっぱ」を遊んだ後だと，自由隊形が良くわかる）

イ）５歳ですから初めはつながり歩きでも良いですが，後はそれぞれ小鳥が遊び飛ぶように自由に歩き，擦れ違ったり，同じ方向に行ったり，と互いの動きを楽しみましょう。「どんな所を渡ってきたの？」「何が見えた」等と聞きましょう。

　イメージなしでの自由歩きは，面白さが欠けていき，せっかくの５歳児の美しい歩きが失われていきます。

ウ）５歳ですから「ひばり」について，絵本や事典，映像などで，皆で調べるのも良いでしょう。特に，鳴き方・鳴き声は特徴がありますから，音源があれば聞きましょう。鳴き声を言葉に置き換えて聴く聞き方も，面白い。絵を描いたりするのも，身近に感じて良いでしょう。

エ）練り歩き，自由歩きなどで，イメージが豊かになったら，「今日は，せっかくですから，役交代しましょうか？　皆は輪になって，山や川，谷，畑，田んぼ，野原，好きな場所になってください」と言って，大人と子どもの組がひばりになって，輪とは対面で一組ずつ潜ったり，跨いだり，跳んだりして進み，「ココジャココジャ」で止まります。止まった時に前にいた組が次のひばりになります。

オ）慣れてきたら，それぞれの２人組が好きなところに居て，ひばりの組も好きに歩くのも良い。

★　ポイント⑥

エ）究極の，自由隊形の遊びです。ファンタジー遊びです。学童でも楽しめる遊びです。ただ，０歳からわらべうたを一緒に遊んできた子ども達同士

の方が，より豊かに遊べるようにも，思います。

　このような遊びをした子たちは，学童になって，新しい知識を得た時に，本を開き映像を探し，自ら多くのことを自分のものにして，絵や図や文章や歌などで楽しめるのではないでしょうか。

オ）人数が多いクラスでは，ひばりになる組を増やせば，多くの組が動けて良い。

◎第四段階 5歳 増える門

⑦　いっせんどうかは　後ろに増える

『いっせんどうかは』

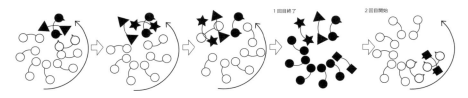

● 実践⑦

ア）２人組での門くぐりが基本です。いつもなら，門が落ちたら門が代わるのですが，これは増えていきます。門はどんどん増えていきますので，一度に引っ掛かる人も増えていきます。最後の人が一番後ろにたどりつき，全員で一斉に「きゅーとん」と門を落とすまで歌い続けます。

イ）全部が門になったら，最後に門になった２人が，新しい門になります。全員が門を落としたら，最後の門以外の全員がクルリと後ろを向いて，「いっせんどーか～」と歌いだすと同時に新しい門をくぐっていきます。

　こうやって，無限に繰り返される遊びとなります。それは，世代を超え，時代を超えて引き継がれていく，人々の命，人々の生活，人々の歴史，人々の歌，人々のこころ，のように……。

ア）全ての人が門になれる楽しさがあります。また，輪の大きさや，歩き方で門が一杯なのにたった1組が何回も引っ掛からない，などの楽しさがあります。そうなると駆け引きが始まり，門がじわっと前や後ろにずれていったり，輪の人が小まわりや大まわりになったり，と知恵を働かせます。

　　基本の，歌に合った歩きを守って，どんな知恵を子ども達が働かせるのか楽しんで下さい。勿論，歌に合わない歩きは，「合ってない」と指摘します。

⑧　びっきどの　前に増える

『びっきどの』

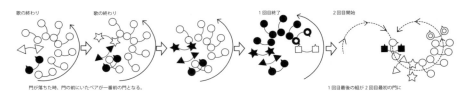

門が落ちた時、門の前にいたペアが一番前の門となる。　　　　　　　　　　　　　　　　　　　　　　1回目最後の組が2回目最初の門に

● 　実践⑧

ア）2人組での門くぐりが基本で，前に門が増えていきますので，特別な遊びとなります。何故なら，これは，門に引っ掛からない人が，門になるからです。

　　目の前で門を閉ざされて入りそこなった2人組だけが，今の門の前に新しい門を作っていきます。一度に一組しか門が増えませんし，先頭の門が毎回代わっていきます。

イ）最後の2人が「ガラトンガラトンドッコイショ」で，門の前で止まったら，その2人は，そのままの向きで新しい門になり，終わりから2番目の組から「びっきどの～」とくぐりだします。これも，無限に繰り返される遊びです。ただ，輪はいつも左まわりですから，今までとは門の逆側にできます。

ア）人は，大切な人を亡くした時，目の前で死者の国への門を閉ざされ，取り残されたようになります。でも，いつの間にかその門を開け閉めする立場になっていき，迎える立場になっていきます。順送りで，命の見送りをしながら，命はつながってきているのでしょう。

2　両手門（振り分け門）

《両手門について》（定位置・基本のルール）

①どこに門を作るのが良いかを考慮して，門の定位置を決めます。

・正面を決める→正面に平行に，門を作る→正面に向かってのみ門をくぐる。一方通行→左右の真中を決める→終わった後に「じごくごくらく」ができる位置。

　＊片手門の，どこにでも作れる（自由な位置）との違いを知りましょう。

②毎回，同じ位置に門を作ること，それを繰り返すことで，「型」となります。

　正面が決まることで，東西南北の四方向への方向認知が生まれます。定位置があり，いつも同じ風景の中で遊ぶこと。その「型」があると，それが変わった時に，その違いを感じて，その面白さを見つけられます。それを「型破り」といい，新しい視点や方法が見出され，個性をうみ，新しい文化や文明をつくっていく原動力と成り得ます。

　幼児期に，この「型」を遊びの中で形成するのが，わらべうた。その最低限の「型」を大人は意識して，繰り返し，繰り返し，子ども達に見せましょう。その「型」の中で新しいものをつくりだす力をもった子ども達を育てたいですね。

　毎回あちこちで門を作っていると，変化に気付くことさえなくなります。

「出鱈目」＝その時の出たとこ勝負で物事をする習慣をつけてしまいます。

　　　　毎回異なることをしていては，「型」が形成されず，全てが出鱈

目になります。型を知っている，身につけた人の新しい発想が型破りです。

③提供される２つの物から，１つを選ぶ「選択」の遊びです。

　　捕まった子は，提供された２つが，両方気に入っても，両方気に入らなくても，必ずどちらかを選ばなくてはなりません。と同時に，どちらかを選ぶ自由と権利が保障されているのです。

　　この厳しさは，人生の出発点であるこの時期にこそ「遊び」の中で，しっかりと伝え，いっぱい体験させましょう。

　　そのために守るべきことは，次の２点です。

門の２人：①選ぶ２つの名前を伝える。

　　　　　②２人共の答えを聞いた後に，どちらが，どちらの役かを伝える。

（以上の２つを言うだけで，答えを先に言ったり，強制したりしない）

捕まった２人：①必ず，自分でどちらかを決めて答える。

　　　　　　　②どちらが，どちらの役かを聞いた後に，答えを変更はできない。

④全員の振り分けが終わったら，２つの種明かしと人数を確認し，勝負を決定。または，「じごくごくらく」で勝負する。最後に捕まった２人組が，次の門になり，別室で２つの物を決めてくる。

⑤初めての両手門の時に，丁寧にしたら，次からは「２人組になって」「両手門をしたい人」と募りましょう。どこに門を作るか，を確認しましょう。

　　手を挙げた子たちから，門になってもらいましょう。多かったら，ジャンケン・鬼きめ，等，子ども達で決めさせましょう。

《実践とポイント》

◎第二段階 [4歳]

① あんまんだぶり

① 『あんまんだぶり』 ② 『まめっちょ』
③ 『うぐいすのたにわたり』
④ 『ひやふやの』

☆ 『じごくごくらく』

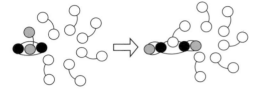 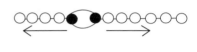

● 実践①

ア）七夕の遊びなので，絵本などでお話を知ってからの方が，楽しいでしょう。

イ）1人の子を連れだし，織姫と彦星のどちらをしたいか選ばせる。大人が「あなたが織姫なら，私は彦星ね」と確認。「門で引っ掛ったら，こっちに連れて来て，織姫と彦星のどちらが好きか聞いてね。その後で，あなたと私のどっちにつくか，教えてあげて」と伝える。

ウ）皆のところに戻り両手門を作って，歌いだす。引っ掛かったら，連れて行ってそれぞれに聞き，どちらにつながるか伝える。最後の一組は皆の前で伝えて聞く。

「織姫○人」「彦星○人」と皆に報告する。そこで勝ち負けを子ども達が言ったら，人数の多い組に「バンザイ」をしても良い。

☆ じごくごくらく（⑤(1)(2)）

一度勝負はついてますが，この遊びの引っ張り合いで勝負するのも良い。人数そのままの時も，逆転もあります。勝負は一回では決まらないのが，世の常ですよね。

② **まめっちょ**

● 実践②

ア）この遊びだけは，最後まで門のどちらがどちらかわからない遊びです。

イ）門の子は，別室でジャンケンをして，勝った子は「炒った豆」負けた子は「炒ってない豆」と，決まります。

ウ）捕まった子ども達は，「好きなようについて」とその場で，どちらが「炒った豆」か「炒らない豆」かを予想して，どちらかに付きます。

エ）最後の２人が決めて，全員がそれぞれの門につながったら，門の子がどちらが，「炒った豆」か種明かしをします。もちろん，「炒った豆」が当たりです。「バンザイ！」この後も，「じごくごくらく」はするでしょうか。どっちが「バンザイ！」となるでしょうか？　ドキドキ，ワクワク。最後まで楽しみです。

◎第三段階　5歳

③　**うぐいすのたにわたり**

● 実践③

ア）遊びは，変わりません。「梅」と「ウグイス」に，分かれます。

イ）全員が分かれた後，「梅」と「ウグイス」でどちらが多いかで，勝ち負けが決まった後が，今までとちがいます。

ウ）「ウグイス」が多かったら，「梅」の門をしていた子が目隠しをして，「ウグイス」グループの１人が「ホーホケキョ」と鳴いて，誰かを当てます。

エ）「梅」のグループが多かったら，「ウグイス」の門の子が目隠しをして，「梅」のグループの皆が丸くなった中に入り，触って誰かを当てる。

★　**ポイント③**

門くぐり＋人当て（声当て・触り当て）の両方入った遊びです。

◎第四段階 　5歳
④　ひやふやの

● 　実践④

ア）遊び方は同じですが，２つの答えを，子ども達自身が，決める遊びです。

イ）同じ仲間の物２つを決める，ということを基本におきましょう。

ウ）すでに，両手門の遊びを知っていますから，１人の子を連れ出して好きな果物などを２人で決め，戻って門を作り歌いだします。それで，子ども達は何の遊びか，わかるでしょう。

★　ポイント④

ア）様々な興味が広がっていく５歳児です。食べ物などの，身近なもので遊んだ後は，様々な提案をして，興味を広げていきましょう。

イ）木・花・虫・鳥・魚・など関連の事典や絵本などを，用意しておいて，「明日は，花で遊ぼう。どんな花を知っている？」などと，前もって皆で色々見ておくと良い。自然に対する興味，物事の大きな分類の仕方などの，基本的な知識への興味が得られることと，事典や辞書を調べる楽しさを知ってほしいものです。

3　全員門（動き続ける門＝宇宙の巡り）

《全員門について》

　終わることなく動き続ける門です。その何一つ，くるわない一体感と繰り返しの心地良さを，たっぷりと楽しめるように，しましょう。遊びをやめた後にも，身体の中にその歩きの感覚と歌が残っているように。

①それぞれの遊びは，大人同士で遊んで，どのように全体が動いていくかを，確認しておきます。その動きによって，部屋のどこに立って，どっちを向いて，皆に声を掛けるかを，決めてから，遊びを紹介しましょう。遊びの面白さを保障する為に！

②それぞれの遊びの定位置を決める

    A　正面に直角に門を作る

    B　片手門・両手門　の区別

    C　前進・後進・横進　の区別

《実践とポイント》

片手門　対面でない片手門

①　モックラモッチハ　裏の天神様から　5歳

『モックラモッチハ』『裏の天神様から』

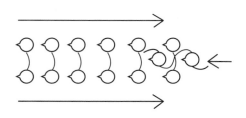

●　実践①

ア）２人組で立ち，「並びましょう」と自分の前を示す。皆が並んだら，歌
　　いつつ，後ろ向きに進む。

イ）少し後ろに進んだら，門をくぐって後ろから前に進む。一番前に来たら，
　　門を作って，後ろ歩きを始める。同じように，一番後ろになった門は次々
　　に門をくぐって前に行き，一番前に来たら門を作る。永遠に終わることの
　　ない，時の巡り。

★　ポイント①

ア）両手門ほど，大幅に門全体の位置がずれることはないが，やはり，少し
　　ずつ後ろにはずれるので，その余裕をもった位置に片手門を作り，皆が並
　　ぶのを待つ。

両手門

② こいのたきのぼり（門は右にできていく）

②『こいのたきのぼり』 ③『しみたかほい』

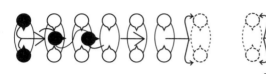 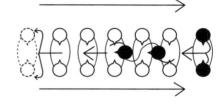

● **実践②**

ア）左端に両手門で立って，右に皆が横一直線に並べる位置に立つ。「滝を作りましょう」と皆が真似して並ぶのを待つ。

イ）並んだら，手を拍ごとに両手を上下させながら歌って遊ぶ。皆が慣れたら，左端から門をくぐり，右端に着いたら，門を作る。黙ってすれば，真似して付いてくるだろう。知らない間に，列が少しずつずれて，門が右側に移っていく面白さ。

★ **ポイント②**

ア）振り分け門の時の両手門の遊びの定位置と，明らかに異なる両手門を作る。正面に対して，直角に，しかも左端に２人が立つ。

イ）本来はゴチャゴチャしない。歌と拍歩きがしっかりと身に付いた子どもたちが，解説もなく歌と動きを見て，できる遊びです。

ウ）うまく，順番に門になれず，ゴチャゴチャする時には，「待って！　この滝は小さいから，皆が一緒に登ると登れなくなるみたい，二匹ずつ登ろう」と声かけをし，一組がくぐって滝になったら，次がくぐるように遊ぶ。それがうまくいけば，「滝が大きくなったから，４匹大丈夫じゃない！」などと，設定を変えてみる。最後は「どんどん，いけるんじゃない？」と全員がずれていけるまでになっていくと，楽しいですね。

③　しみたかほい（門は左にできていく）

● 　実践③

ア）「こいのたきのぼり」と同じ両手門の隊形だが，立ち位置は逆。右側に立って，左に皆が横一直線に並べる位置に立つ。歌いだしたら，全員蟹歩きで右に進む。少し進んで右端から門をくぐり，左端に出たら両手門を作って右に蟹歩きを始める。

★　ポイント③

ア）「こいのたきのぼり」と逆の方向に進みますが，端に来たら門をくぐる，という動きが一緒。その共通点がわかれば良い。

（3）　勝負遊び（気持ちの落とし所）　　実践・ポイント

　理論編 p.48〜52・85〜90

《遊びの一覧表》

		3歳	4歳	5歳
1	ジャンケン	①祇園の夜桜 ②イモニメガデテ ②オサラニタマゴニ ②だいこんかぶら	③せっせっせ（げんこつやま） ④じゃんけんぽっくりげた ④じゃんけんちかぽか ⑦チョーパー（足ジャンケン）	⑤おちゃらか ⑥じゃんけんぽいぽい ⑧はやはやちりちり（足ジャンケン）
2	個人戦		①おてらのおしょうさん ①林の中から ①柳の下には	②たけのこめだした ＊役交代 ③イノコイノコ ④おつきさんこんばんは
3	代表戦		①オテントサン（アッチ）	①からすからすどこさいぐ ①おおさむこさむ

110

4	減り増える		A個人戦 ①加藤清正 ②いもむしごろごろ	Bグループ戦 ③ふるさともとめて ④タコタコアガレ ⑤ほしやほしや ⑤たんすながもち

《実践とポイント》

1　ジャンケン

①『祇園の夜桜』
②『イモニメガデテ』
②『オサラニタマゴニ』
②『大根蕪／だいこんかぶら』

③『せっせっせ（げんこつやま）』
④『じゃんけんぽっくりげた』
④『じゃんけんちかぽか』
⑤『おちゃらか』
⑥『じゃんけんぽいぽい』

4歳・5歳

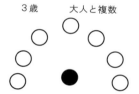

3歳　　　　大人と複数

個人戦

①　祇園の夜桜　2歳半から

　ジャンケン遊びのわらべうたは，限りなく多くあると思います。地域によって，時代によって，少しずつ変化したものがあります。その地域で遊んでいるものは，そのままで遊びましょう。子ども同士で自然に覚えていくもの，それこそ生きたわらべうたなのですから。私たち教師がわざわざ新しいジャンケン遊びを紹介するのなら，子どもの手助けになるか，より発展するきっかけになるかの，どちらかの課題をもって，したいものです。

●　実践①

　これは，ジャンケンの勝負はしない，ただジャンケンの手を繰り返し行う遊びです。2歳後半くらいからでも，発達の早い子でしたら，しぐさ遊びとして繰り返し繰り返し遊べるものです。幼児のわらべうたは，拍で動かすの

が原則ですが，これは逆に「ジーッと」動かさず，「ちょっと」「ぱっと」「ぐっと」の時に，大きく手を振りかざして「チョキ」「パー」「グー」を前に出すのを楽しみましょう。出した後は，そのままにしておいて，次の形を出す時に勢いをつけて出します。

★　ポイント①

ア）「グーチョキパー」の中で，一番難しいのは「チョキ」です。では，「パー」と「グー」はどっちが易しいでしょう？　手の構造から「グー」ですね。赤ちゃんは生まれた時に手を握って出てきます。ですから，先ず「グー」をぐーっと握ることから，始めましょう。「パー」もぐーっと握ったところから始めると，しっかり開きます。歌い始めに，先ず両手の拳をしっかり握って前に出し，「ちょっと」で「チョキ」を出し，そのままで「ぱっと」で「パー」を出し，そのままで「ぐっと」で「グー」を出し，そのままで「ちょっと」に戻り，と繰り返します。

イ）「ぐっと」握ることが出発点です。でも今の生活の中で「ぐっと」握る行為は，ほとんどありません。昔は物を運ぶ時には，その物を両手で握って運ぶことが多かったのですが，今はほとんど袋に入れて運びます。その袋も子どもには安全を考えて，リュックや肩からの袋などになり，重い袋をしっかり握るという行為はなくなりました。水道の蛇口も，ドアのノブも，昔はしっかり握って回すことが必要でしたが，今は握る必要がありません。指の関節を全部使って握るという行為が，生活の中でなくなり，子ども達の指や指先は訓練されていず，とても弱くなっています。意識して，先ず握る遊びを一杯しましょう。

ウ）握りの弱い子には，遊ばせ遊び「オヤユビネムレ」をしてあげましょう。指を折りたたんだ後，両手でその手を上からしっかり包むように握り，「いしいしおきよ」の語呂合わせを唱えます。そして「ぱっ」と言って，手を離すと，子どもは「ぱっ」と手を開きます。片手を３回ずつ両手をしてあげて，手の温もりを通して，手や指の自己認知を助けましょう。

② イモニメガデテ　オサラニタマゴニ　だいこんかぶら ［3歳から］

● 実践②

　この3つは，グー・チョキ・パーを，全部一通り出してから「ほい」でジャンケン勝負をする遊びですが，まだ上手にできない3歳児は勝ち負けより，その3種類の手を作ることが楽しめます。「ほい」の時，何を出しても関係なく遊びましょう。いちいち言葉かけはいりません，最低10回は続けて歌い遊びましょう。10回に一回「ほい」の時に「何を出した？」と聞けば充分です。すぐまた10回続けましょう。その流れの中で，だんだん手も心もほぐされてできます。

　だんだん手の動きがスムーズになれば，「ほい」の時の野菜を指定して遊んだり。うまくいかなくても，それを楽しんで笑い合い，そのまま10回続けましょう。

★　ポイント②

　どれも，身近な野菜の形態になぞらえたものです。「イモニ～」の方が，物語性がありますし，グーから始まるので易しいでしょう。後の2つは「パー」から始まります。

　それにしても，パーが大根，チョキが人参，葉っぱの形の違いをよく表していますね。葉つきの大根や人参を見つけた時には，是非子ども達に見せましょう。

③　せっせっせ（げんこつやま）［4歳］

● 実践③

ア）初めは，皆と大人が丸くなって，遊びます。「せっせっせ」で手をつないで手を振ってから遊ぶジャンケンは，皆が一緒に勝負する感覚がもてて楽しいでしょう。

　　仕草をテンポ良くして，「かざぐるま」で「かいぐり」をし「ま」でジャンケンをします。10回は続けましょう。そこでちょっと休憩。又10回・

休憩・10回・休憩。50回くらいは続けましょう。

イ）2度目？　3度目？　10回を繰り返し，皆の手がスムーズに形作られて
きたら，10回目に大人が一人ずつの出した手に自分の手を差し出して，触
りながら，「勝った」「負けた」「合い子」を宣言してまわります。勿論，
勝った時は喜び，負けたら悔しがり，合い子の時は「うーん」と感情を表
し，よりはっきりと勝負の結果が伝わるようにします。その為にも，結果
は子どもでなく，大人の結果を宣言します。

ウ）でも，しっかり覚えて，どの子とも一度は手を触れて「勝った」「負け
た」「合い子」と言ってあげましょう。人数が多ければ，一度の勝負では
数人ずつ数回に分けて，必ず全員と勝負をしましょう。何度もする中で，
どの子も勝ち負けを理解し始めます。

　　こうやって，しっかりと3つ巴のジャンケンの勝ち負けを知る体験の手
助けをします。

★　ポイント③

ア）勝ちは勝ち，負けは負け，の原則をしっかりと受け止めさせましょう。
発達の早く良く解った子は，遅出しをしたり，出し直しをしたりして，ご
まかすことがあります。

イ）気がついた時は，「遅出し，したじゃない」「出し直しはダメよ」などと，
キチンと告げて，相手（勝負）をしません。ルールをごまかす人は，遊び
に加われないことをこの時点で，しっかりと知らせましょう。

---

④　じゃんけんぽっくりげた　じゃんけんちかぽか　4歳

● 実践④

ア）初めは，皆と大人が丸くなって，遊びます。握った片手を出して歌いだ
し最後にジャンケンを出します。この遊びになったら，「私に勝った人」
「負けた人」と言いながら手を上げてみせると。子ども達が手を上げてく
れます。

ジャンケンの意味が解り，勝負が楽しい年中さんには，ややこしい遊びはNO。握った手をただ振り，最後の一瞬にかける，ワクワク，ドキドキ，の楽しさだけで充分。単純に，ジャンケン遊びとして，いっぱい遊びましょう。

イ）3つ巴の勝ち負けが，しっかり身についてきたら，大人と皆との勝ち抜き戦をしましょう。大人に負けた人は，座っていき，最後に残った人が勝ち。

　　この時も，ズルをする子が出るでしょう。気がついたら，キチンと言いましょう。皆の前で，しっかり言うことで，勝負の厳しさを，皆が知っていけるようにしましょう。

ウ）勿論，慣れてきたら自然に1対1でジャンケンを始めるでしょう。どんどんしましょう。時には，トーナメントの勝ち抜き戦。数人ずつで戦うグループ戦なども良いですね。

★　ポイント④

ア）勝っても負けても，その偶然を面白がるのが，遊びです。人生勝ち続けることなど，ありえません。負けた時こそ，知恵をしぼり心も身体も頭も使って，次の時の役に立つ知恵を身に付ける機会なのです。それを，遊びの中で身に付ける。

　　これが「わらべうた」の素晴らしさ。ごまかすことを，教える機会にだけには，しないようにしましょう。負けたからと，誰も仲間はずれにすることも，馬鹿にすることもないのです。今日はこの子が負け続け，明日は私が負け続け，次は私やあの子が勝ち続け，と予想できないのが人生の面白さ。皆で「えー！」「へー！」と驚いたり，面白がったりする，逞しさ，おおらかさを遊びを通して知っていきましょう。それを知ったら，自ら死を選ぶ子も，いじめをする子も，少なくなるのではないでしょうか？

⑤　おちゃらか　|5歳|

● 　実践⑤

ア）易しい遊び方なら，初めの「おちゃらかおちゃらか」は「かいぐりかい
　ぐり」をして「ほい」でジャンケン，次の「おちゃらか」は何もしないで
　「勝ったよ」「負けたよ」「合い子」のところで「バンザイ」「頭ぺこ」「両
　手を腰に」をして，かいぐりにいきます。

イ）慣れてきたら，「おちゃらか」のところを，全部手合わせでします。右
　手で自分の手叩き，相手の手叩きの繰り返し。２拍子ですね。「ほい」の
　ジャンケン後の「おちゃらか」も手合わせして，「勝ったよ」「負けたよ」
　「合い子で」の仕草をします。

⑥　じゃんけんぽいぽい　|5歳|

● 　実践⑥

ア）「ぽいぽい」で片手ずつジャンケンを出す。（利き手もあり，左右どちら
　からでも）「どっちひくの」の「の」で片方引いて，Ｚの休みで勝負を判
　断し，「勝ったよ」「負けたよ」「合い子で」と歌い分けて，次の「ほいほ
　い」で又次の手を出します。

| ★　ポイント⑥ |

　年長になると，知識欲や達成欲が，出てきます。ジャンケンも楽しいけど，
そこに行くまでも楽しみたい。特に「じゃんけんぽいぽい」は，一瞬の読み
取りと判断とを要求される，高度な遊びです。学童が遊んでも，大人でも充
分楽しめる遊びです。

　ですから，ジャンケンが好きな子や強い子には，ちょっと紹介しておくと
ずっと楽しめますし，大人とのコミュニケーションにも使えますね。自己決
定だけでなく，運もありますから，「負けても時の運」と楽しめます。

足ジャンケン

⑦　チョーパー　4歳

チョーパー（足ジャンケン）

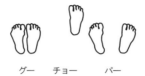

グー　　チョー　　パー

● **実践⑦**

　身体を動かすのが大好きな４歳児には，こんな遊びも，面白いでしょう。一回ずつ跳ぶので，身体を使って遊ぶという満足感を得られます。

　５歳に向かって，身体をただただ動かす喜びから，自分の身体をコントロールして自由にできる喜びへと向かうきっかけになればと思います。

★　**ポイント⑦**

　大人には，体力と記憶力と瞬発力が要求されます。慣れないジャンケンの形態なので，大人同士で練習してから，紹介しましょう。

⑧　**はやはやちりちり**　5歳

● **実践⑧**

はや＝パー（左右）ちり＝チョキ（前後）つう＝グー（閉じる）
はいや＝パー

　ジャンケン勝負というより，ジャンケン遊びです。「はや」「ちり」「つう」の言葉の面白さとその複雑さ，歌と動きの一致等のちょっと高度な楽しさです。でも意外と子ども達は覚えて，だんだん速くしていく楽しさも見つけるでしょう。

　子ども達には，歌と動きを同時に提供します。しかし，大人である私たちは，同時にしますと，歌のリズムや音の動きが自分流になりやすいのです。それで，覚える時には，歌を先ず良く歌って覚え，それに動作を付けていく方法を，お奨めします。ここが，幼児や子どもと，大人の，思考や記憶の仕方の大きな違いです。

2　個人戦

2人組または二重輪
（二重輪のイラストは「しぐさ遊び」「にぎりぱっちり」実践編上巻 p.91を参照）

①　おてらのおしょうさん　林の中から　柳の下には　4歳

● 　実践①

ア）先ずは，2人組で遊びましょう。結果をしっかり受け止めるように，「バンザイ」「頭ぺこ」「両手を腰に」を忘れないで！

イ）慣れてきて，多くの子ども達のテンポが乱れてきたり，固定した友達同士が多くなってきたりしたら，二重輪で遊びましょう。違う子と遊ぶと，違う体験ができ，多くのヴァリエーションが生まれてきて楽しさが増えるでしょう。そして，良く勝つ相手，負ける相手，良い勝負の相手，などができるかもしれません。そんな発見も，面白いし，楽しみましょう。

★　ポイント①

　二重輪で遊び，ずれていく時も，ジャンケンの結果で，「バンザイ」「頭ぺこ」「両手を腰に」の動作を必ずしましょう。そこで感情を表現できることが，この遊びの面白さの大きな部分なのですから。色々しながら4歳児，そのクラスなりの，「バンザイ」や「頭ぺこ」「両手の腰」が生まれるかもしれませんよ。

② たけのこめだした（外と内の入れ替わり） 5歳

『たけのこめだした』

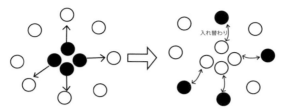

勝つまでジャンケンを続ける

ア）一重輪で，しぐさ遊びをします。輪は隣同士の間隔を充分にとり，「た
けのこ～」の上下の動き，「花さきゃ～」の両手開き，「はさみで～えっさ
っさ」のチョキの手の前伸ばしの上下，と肩からしっかりと腕全体を動か
しましょう。

イ）腕全体を使っての動きの楽しさを感じたら，両手拳を前に出してみせて，
鬼きめを始めます。全体の人数との割合で１／４か１／３の人数を選び，
中の輪を作ります。大人も中の輪になり，外向きになって，同じしぐさ遊
びを始めます。

　「えっさえっさ」から歩きだして，外の輪の誰かとジャンケンをします。
勝ったら交代します。勝つまで「えっさえっさ」を繰り返します。勿論，
皆も「えっさえっさ」と応援します。中の全員が勝って交代したら，即
「たけのこ」と歌いだします。

★ ポイント②

ア）自分が終わったら終わりではなく，中の輪全員が代わるまでが，一つの
流れと捉えるようになりましょう。そのような意識が出てくるまで，大人
は「えっさえっさえっさっさ」と歌って助けましょう。そのまま「たけの
こめだした～」と次につなぎます。

　子ども達全員が当たり前のように，全員の勝負が終わるまで，同じ気持

ちで歌い続けたら，一切手をひき見学いたしましょう。でも，一人一人の，喜び・がっかり・楽しさ・面白さを，できるだけ共有しましょう。一緒に笑いましょう。

③　イノコイノコ（役交代）　5歳

● **実践③**

ア）役交代の交互唱の部に書いています，「イノコイノコ」で，ジャンケンをして交代する遊びを，先ずしましょう。こちらの方が，交代の余裕がありますし，負けた時はそのまま，同じ方向に歩くだけで，易しいです。これができてからの「おつきさんこんばんは」でしょう。

④　おつきさんこんばんは（役交代）　5歳

● **実践④**

　役交代の「おちゃをのみに」と良く似ています。ただ，「おはいり」の半回転で内外を入れ替わり，すぐジャンケンをします。そのあと，「負けたら出なさい」と歌いつつ，勝ったら一周，負けたら半周，まわります。

　歌の中で，滞ることなくジャンケンし判断して動くのは，かなり難しいことです。しっかりジャンケン遊びをしてからにしましょう。

3　代表戦

ア）２つのグループが対面で，立ちます。

イ）正面に近い端の２人から，毎回順番にジャンケンして，勝負を決める。

ウ）勝ち組から，歌い始める交互唱。

エ）歌う時は前進，歌わない時は後進，で常に一緒に動いている。

オ）最後は必ず，勝ち組が負け組に，何かを引っ掛ける。これは楽しい遊びなので，しっかりと両グループの攻防を楽しませましょう。

　　しかし，隊列から大幅に外れたり，走ったりになると，壊れてきます。

即，「じゃんけんぽっくりげた〜」と歌いだし，次の子たちにジャンケンを促しましょう。

① **オテントサン（アッチ）** 4歳
　からすからすどこさいぐ　おおさむこさむ 5歳
『オテントサン（アッチ）』『からすからすどこさいぐ』『おおさむこさむ』
勝組から歌い始める（前へ歩む／1モチーフずつ＝4歩）

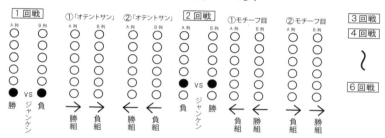

● **実践①**

ア）「2人組で，裏か表をしましょう」と，声をかけ，子ども達がしている間に大人は正面に立ち，左右の手をそれぞれ裏と表にして，真っ直ぐ前に出して対面でどちらに並ぶかを示します。（裏と表は地域によって違います）

イ）両組の，一番手前の2人を真中に寄せて，「じゃんけんぽっくりげた〜」と歌いだせば，子ども達はジャンケンをするでしょう。

ウ）勝負が決まったら，「手をつないで」と言ってから，「オテントサン」と勝ち組の方の手を動かして，前に進むように示し，次の「オテントサン」では負け組に前に進むよう示し，と前進しながら歌うグループを常に示す。

エ）最後の「お茶にてかぶしょう」は勝ち組と一緒に，バケツの水をかける真似をする。直ぐに，手前から2番目の2人を手で示して「ジャンケン〜」と歌いだす。全員が代表になって遊んだら，一回戦の終わり。

オ）「もう一度する？」と聞くと，ほとんどが「したい」と言いだし，2回戦になる。

そうやって，順番に代表が出てジャンケンすること，勝ち組から歌い始めることなどを示したら，後は任せておく。わらべうたを遊んできたクラスだと，２・３回目には，大人はいりません。

★　ポイント①

ア）２組に分ける時，ジャンケンは使わない。なぜなら，ジャンケンは結構強い人と弱い人があること。その日によって，負け日や勝ち日もあるからです。ジャンケンで組を分けると，負け組はずっと負けたりします。勝ったり負けたりの楽しさが半減したことが何回かあり，「もう一度する？」で「しよう」とならないことがありました。

　その点，裏か表は，ジャンケンとは違って勝ちも負けもないこと，どちらが表か裏かも，地域によって違ったりしていることもあり，後の勝負と関係ないのが良いです。

　勝負遊びの前に，ジャンケンで負けると，やはり楽しい気持ちが半減しますし。

イ）対面の前進後進は，片方が前進すれば，相手組は自然に後進します。初めはばらばらでも，次の組が前進してくれば，前に来ていた相手組は必ず後進します。ですから，前進の合図さえすれば，大丈夫です。

4 減り増える

A 個人戦

① 加藤清正 [4歳]

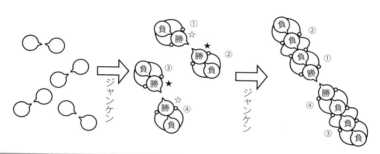

① 『加藤清正』　　② 『いもむしごろごろ』

● **実践①**

ア）歌いながら歩いて相手を捜し，出会った人とジャンケンし，負けが「家来にしてください」勝ちが「よかろう」と言って，うしろに付いて歩く。

　　全員つながったら，「今日の加藤清正は○○さんでしたー」と宣言してあげるのも，楽しいですね。それ以降は一日，その子が「加藤清正」と呼ばれたりして。

イ）前半は手綱を持って馬に乗ったように少し上下運動しながら歩き「ほい」で止まり，「後から～」は兵隊のように両手を前後に振って歩き，「どん」のところでジャンケン。と歩き方を変えるのも，楽しい。

---

② いもむしごろごろ [5歳] （実践編上巻 p.125参照）

● **実践②**

ア）夫々がばらばらに，しゃがみ歩きをして，歌の終わりで会った人とジャンケンします。負けた人が後ろについて，２人組で歩きます。歌の終わりで会った組が，先頭同士でジャンケンし，負けた組が後ろにつきます。そうやって，全員が一つのいもむしになったら，全員で芋虫歩きをして終わり。

イ）私は即「ばらばら」と声をかけますと，子ども達は，好きな所に陣取り，そこから「いもむし」と歌い始めます。わざと，会わないように他所向いていく子，好きな子のところに必ず行く子，最後まで一人でいて，最後に負けて結局シッポにつく子。様々な，人間模様があります。楽しみましょう。

★　ポイント②

ア）最後に必ず，全員での横揺れ歩きの，心地良さを体験してから，ばらばらになりましょう。上手に腰を落として歩けない子が多い時は，「手をつかないでごらん」とか「横に揺れてごらん」と，一緒に横揺れを見せてあげましょう。

イ）人数が多いクラスは，８人で一匹，などと，決めると良いですね。それとも，全員をしたがるでしょうか。

B　グループ戦　5歳

③　ふるさともとめて

(6)－3の代表戦（オテントサン等）を遊んでから，しましょう。

＊代表戦との違いは，勝負で負けた人は，相手方に取られます。

＊代表が，順番でなく，毎回選ばれます。

＊勝負に勝った組が，次の勝ち組となって，遊び始めます。

③『ふるさともとめて』　④『タコタコアガレ』　⑤『ほしやほしや』『たんすながもち』

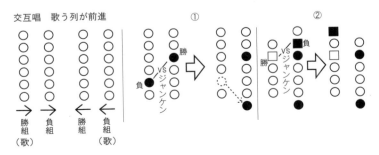

124

● 実践③

ア）代表戦のように，２組に分かれて交互に前進しながら歌と遊び方を，紹介します。両手を出して，数人手をつないだところで，前進しながら「ふるさともとめて～」と歌いだせば，おそらく知っている子たちが，向かい側で歩きだすでしょう。「もんめ～」と後退すれば，向かいの子たちが前進するでしょう。そのまま，その場にいない名前を入れて歌い，即「じゃんけんぽっくりげた～」を歌い，「かって嬉しい～」「負けてくやしい～」まで歌います。

　　そのまま，「ふるさと～」と繰り返します。数回遊べば，子ども達はすぐ遊べるでしょう。

イ）そこで「裏か表で２組に分かれよう」と声かけ。分かれたところで「遊びの前に，何か決め事があったね。何だった？」と聞きます。

　　そして，相談して決めさせます。それから，歌いだしましょう。歌は良く似た言葉や，良く似た歌があり，ややこしいので，しっかり助けましょう。

ウ）３人目で遊ぶ時には，遊びだす前に，決め事を思い出し，それから遊びだすようにしましょう。もう，子ども達は大人がいなくても，できるでしょう。どれも，似た遊びですから，多くても２曲，一曲遊ぶだけでも，充分だと思います。

★ ポイント③

ア）紹介の前に，決め事を言っておくこともできますが，遊びの全体が解らないで，決めるのは，難しいでしょう。初めは，全ての遊びと同じく，遊びながら紹介しましょう。

　　５歳ですし，なんとなく大きな子たちを通して，知っていたりしますから，その場で色々決めることは可能でしょう。特に今まで，多くのわらべうたを遊んできた子たちは，直ぐできると思います。原点の，「子ども達が遊んだように」紹介しましょう。

④　タコタコアガレ

　順番に代表をする布の高く上がった方が勝ち。負けた代表は勝ち組に取られる。勝った組から，歌い始める。

⑤　ほしやほしや　たんすながもち

ア）勝ち組は，取る子を決めます。「〜になっておいで」と注文を決めます。
　　勝ち組の，代表を決めます。

イ）勝ち組から歌いだします。

ウ）注文の動作でやってきた負け組の子と勝ち組の子と，ジャンケンします。
（引っ張り合いでも良い）

エ）勝負に負けた子は，勝った子に取られます。

オ）勝負に勝った組が，勝ち組になって，色々決めて遊び歌い始めます。片
　　方が，０人になるか，誰かの「やめよう」で終わります。

（4）　隊伍を組んで（共動の喜び・形の想像力）

《隊伍を組んでについて》　理論編 p.48〜52・90〜99

　隊伍を組んでの遊びは，大きくは歩きの遊びです。足並みを揃えて，大きな時の流れの中に，皆と一緒に入っていき，宇宙の一部になったかのように，歩き，しぐさをし図形を描き，また戻ってくる。

　繰り返し，繰り返し，遊んだ後は，「おかえりなさい。大きくなったね」と声を掛けたいように，存在自体が「すっく」と大きく見える時があります。皆の足並み，心臓の鼓動，思いが一つの景色をつくるように，見える時があります。でもそれは決して，訓練ではありません。命令でもありません。

　全体でなく，一人一人なのです。一人一人が，「すっく」と立っている時，全体が，美しく一つの景色をえがくのです。様々な遊びを，充分に遊んできた結果としての，一人一人の存在の美しさなのです。

《遊びの一覧表》

		遊びの形	第一段階	第二段階	第三段階（5歳のみ）
1	円	A一重輪	3歳 ①なべぁおおきぐなれ ②たわらのねずみ 4歳 ③ひらいたひらいた	5歳 ④たわらのねずみ ⑤いちわのからす ⑥おんしょうしょうしょう	⑦もつれんな
		B二重輪		5歳 ⑧たまりやたまりや	
2	円以外	A練り歩き		①4歳　かなへびこ	②じゃんこう
		B2人組	4歳 ③もうひがくれた ③つんつんつばな	5歳 もうひがくれた つんつんつばな	④⑤かわのきしの＋みんないそいで
		C様々な隊伍		5歳　⑥べんときて	門付け ⑦ねすごした＋ななくさ（なっきりぼうちょう） 隊列 ⑧お正月ええもんだ
3	うずまき	うずまき	4歳 ①でんでんむし ①かりかりわたれ	5歳 ②ツルツル ②ろうそくのしんまき	③ろうそくしんぼう
4	ことろ		4歳　①かなへびこ	5歳　②ことろことろ（ももくれ）	③いもむしこむし

《実践とポイント》

1　円

A　一重輪
◎第一段階
① 　なべぁおおきぐなれ　前後　| 3歳 |　（乳児編 p.34，実践編上巻 p.118）

●　実践①

ア）両手を開いて出し，皆が手をつないだら，身体がくっつくように小さく
　　なりつないだ手は真っ直ぐに伸ばして，真中に拳を集めると，すり鉢のよ
　　うになる。
　　　小さくなったところから，歌いだし後進して一番大きくなる。歩数があ
　　まれば足踏みする。「すり鉢〜」からは中に向かって歩き一番小さくなる。
　　歩数があまれば足踏み。
イ）何度も何度も繰り返す。
ウ）3歳児なので，すり鉢・すりこ木を見せ，胡麻など摺って見せると，香
　　りがたって良いと思う。味見も良い。給食などで「胡麻和え」が出ると良
　　いですね。

★　ポイント①

ア）人数が少ないと，手をいっぱい伸ばしても8歩にならない時もあります。
　　そんな時は足踏みをしましょう。歩きをいっぱいしたクラスは自然に足踏
　　みをするでしょう。繰り返しすることで全身の脱力と柔らかさが身に付く
　　と良いですね。
イ）すり鉢の状態から始めて身体全体で後ろへと手をいっぱい伸ばした円に
　　なり，そのまま身体全体で前へと進み手も真っ直ぐ皆の拳が真中に集まる
　　ように，前へと進む。上半身が，前のめりにならないように，気をつけま
　　しょう。

② 　たわらのねずみ　左まわり＋前後　3歳

『たわらのねずみ』　3歳　　　　　　　　　　　　『ひらいたひらいた』　4歳

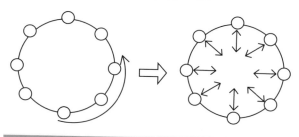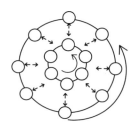

● 　実践②

ア）両手を開いて出し，皆が手をつなぎ丸くなるのを待つ。丸くなったら，
　左まわり。「そらおぬけ～」から前後に4歩ずつ。最後，真中に寄って終
　わったら，ねずみになって「チューチュー」と鳴いて，元の円に戻り「た
　わらのねずみ～」と左まわりを始め，繰り返す。

★ 　ポイント②

ア）左まわりから前後歩きになる時，「三匹しょ」の「しょ」で身体全体を
　右向きから真中に向けて，「そらおぬけ～」と前後に歩きだす。元の円に
　戻る時は，全身を右に向けてから歩きだす。
　　この方向転換を，歩きだす前にクルリと意識して見せることで，子ども
　達は，自然に一緒に身体を動かします。

③ 　ひらいたひらいた　大小の左まわり　4歳

● 　実践③

ア）両手を開いて出し，皆が手をつなぎ丸くなるのを待つ。

イ）丸くなったら，手をいっぱい開いて，大きな輪で左まわり。

ウ）「いつのまにか～」から中に向かって8歩歩く。お互いの身体がくっつ
　くくらいに小さくなる。余ったら足踏み。この時は，右向きでなく前向き
　のまま。

エ）「つぼんだつぼんだ〜」からは，小さい円のまま左まわり。身体をくっつけたまま。

オ）「いつのまにか〜」から後進し，大きい輪に戻り，右向き。また左まわりを始める。

★ ポイント③

ア）「たわらのねずみ」より，大きくゆったりと動けるので，前後と左右の方向転換を「クルリ」とはっきりと見せよう。

イ）4歳なので，慣れてきたら，花の名前を変えていくのも良い。大人が，遊びの中で，花の名を変えて歌う。子どもが花の名を思いついて言ったら，当てはめて歌ってあげる。

　リズムは合わなくても良い。長い名前だと早口言葉のようになるが，それもまた面白い。勿論2番も同じ名を言う。子どもは，2番では自分も言いたいと思い，1番の花の名前に聞き耳をたて，覚えて歌おうとする。

ウ）5歳なら，大人が幾つか提示した後，子ども自身に花の名を決めさせて，順番に希望者に「〇〇のはなを」1人で歌ってもらう。イ）の大人のモデルで，いっぱい体験していると，思っているよりスムーズにいく。

◎第二段階 [5歳]

④　たわらのねずみ　左まわり＋門おとし

『たわらのねずみ』　5歳

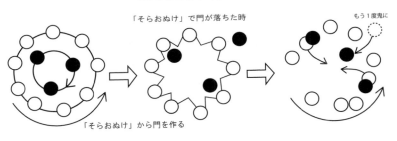

「そらおぬけ」で門が落ちた時

もう1度鬼に

「そらおぬけ」から門を作る

ア）両手を開いて出し，輪を作る。歌いながら左まわりを始める。「3匹し
　ょ」の「しょ」で止まり，「そらおぬけ〜」から，皆で門を作り，3度目
　の「そらおぬけ」の「け」で門を落とす。繰り返し遊んで，門を作る・落
　とすのタイミングを知る。

イ）数回したら，「中に入る3匹のねずみになりたい人」と募る。いなけれ
　ば鬼きめの希望者を募り，3人を選ぶ。

ウ）「ねずみは，門が降りた時に，輪の中にいたら，交代できます。外に残
　ったら，もう一度ねずみです」と説明。

エ）初めは大人が一緒にねずみをする。手をつないで逆まわり。「そらおぬ
　け」から，アーチを出たり入ったりして，最後は，中に戻る。うまく戻れ
　れば，「ちゅちゅちゅ」と誰かと交代する。外に取り残されたネズミは，
　もう一回中に入ってねずみをする。

エ）モデルのねずみは，いつも上手にできなくても，良いのです。取り残さ
　れたら，どうなるのか良く解りますし。ある点，その失敗が，遊びを楽し
　くするのです。

＊この遊びのように，
　a 失敗や難しさ，不都合が起こるから，面白い遊び
　b 不都合なく，一致していることで味わえる心地良さが面白い遊び
　と両方，わらべうたにはありますね。

⑤　いちわのからす　しぐさ＋円の中の門くぐり

『いちわのからす』『おんしょうしょうしょう』

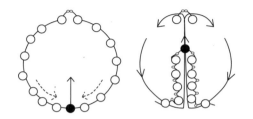

ア）まず，部屋の中で門を作る目印となるような物がある場所を決めます。その正面に両手を開いて立ち，円ができるのを待つ。歌いだして，それぞれ「かーかー」「こけこっこ」「およぎだす」「おじいさん」のところで，しぐさをする。

イ）「ほら，いちぬけろ」で両手をつなぎ，左右両方の円を自分の後ろの方に引き寄せて，まん前に向かって進みます。すると「わらべうた」を遊んでいる子どもたちなら，門を作ります。門をくぐったら，左の手は離して左に進むように促し，自分は右に向かって元の円に戻る。円に戻ったら「10抜けろ」まで，左まわりして（自然に場所が移動する），「いちわのからすが〜」と始めます。

ウ）その時点で可能なら，門の前に移動して，もう一度門くぐりを見せても良い。できそうなら，輪の外に出て，正面の門をくぐる先頭の子の後ろで助ける。必要なら，輪に残り「ほら，いちぬけろ」で，先頭になる子の方に歩きだしながら，先頭になるべき子に前に進むように促し，門を作る子もメタコミュニケーションで合図します。ある程度，輪が動きだしたら，輪から抜けて，先頭の子や門の子など，助けの必要な子を助けます。歌はどんな時も歌い続けます。

エ）3回目からは，輪の外に立ち，門の正面の子を助けましょう。どの子が正面か，迷うことは多くありますので，そんな時，少々ずれていても，積

極的に出ようとする子に任せても良いでしょう。2・3人が動きだした時には，最も正面に居る子を促して後押ししても良いでしょう。

★　ポイント⑤

ア）歩きの速さで遊び始めますので，拍でしぐさをすると，とてもせわしなくなります。ここでのしぐさは，夫々の言葉に合わせて，自由に美的な動作をして良いと思います。と言うことは，歩きの拍が揃わないような子ども達が，この遊びをすることはありえません。内的にしっかりできている子たちが遊んでこそ，美しく，心地良く限りないように喜びを持って遊べるのですから。

イ）人数が多かったり，もたついたりして，10までで全員が門をくぐりきらなかったり，円がつながらない時は，そのまま「ほら，1ぬけろ」ともう一度1から歌い始めます。

　　途中でくぐり終わって元の円に戻ったら，全員で左まわりで「10抜けろ」まで歩き，内側を向いて止まり，「一羽のからす〜」と始めます。

ウ）子ども達の状態を見て，どの方法で助けるのが一番良いか，考えておきましょう。もちろん，予想が外れた時には，変更してより良い方を選べるように，実際に大人の中で全ての方法を練習しておきましょう。

エ）門は，門を作ると同時に両外側の隣とつないでいた手は離します。元に戻って来た時に，つなぎ直します。つまり，門の2人は門をくぐりません。先頭で，門に向かう子は，左右両方の手を後ろに伸ばしてつないで歩きだすと円上を歩いて付いて来やすくなります。

オ）5歳児ですから，2度目や3度目（初日でなく），少し遊んだあとに，「綺麗に，円にそって門をくぐりたいのだけど。どうしたらいいかな？」とちょっと，聞いてみるのも良い。何か意見や工夫が出てきたら，それを，皆で実践する。学童になって，自分たちで何かする時の良い，シミュレーションになる。

　　大人の演習では，

・門が，両端の手をつないだ時と，両手を離した時
・正面の人が，右と左で円でつないだまま門に向かう時と両手を後ろに
　伸ばして向かう時

の２点について，２種類ずつをしてみましょう。何が違ったのか？　一度
しておくと，子ども達への説得力が倍増します。円の人たちの身体が，自
然にどっち向きになるかです。

⑥　おんしょうしょうしょう　しぐさ＋円の中の門くぐり

● **実践⑥**

ア）できれば「いちわのからす」をした後にすると，ほとんどモデルも説明
　もいらない。
・初めは全て，８拍ずつの動作です。
・前進後進×２スキップ（中へ）杖歩き（外へ）円に戻り，手をつないで
　足踏み，「誰のうちにいきましょう」は左まわりし，「ひやふ～」から目
　印の下に来た子が門で，正面の子が皆を連れて門をくぐる。
・両方に分かれて，円に戻り，「このと」で止まり，「おんしょうしょうし
　ょう～」と始める。

★　ポイント⑥

ア）「いちわのからす」をした子たちが，どんなに良く遊んだか，遊びを理
　解したかを知ることができる機会。一切，説明せずに，歌だけでどんどん
　してみましょう。門の位置に立った子に，合図するだけで，門ができて，
　皆がくぐりだすかもしれません。楽しみですね。
イ）この遊びは「いちわのからす」と違って，しぐさの後に左まわりで歩き
　ますので，門の正面に大人が立つのが難しい。できれば，「いちわのから
　す」で，この遊びを知ってから，「おんしょうしょうしょう」をした方が
　ずっと楽しく活き活きと，楽しめます。
ウ）大人が遊びますと，「一夜明くれば元日で，年始のお祝いもうします」

の時，円がすぐできて，足踏みをして歩きだすのを待つ体勢になります。でも，子ども達は，必ず「嫌がる者はお年寄り」から広く遠くまで行ってしまいます。

　そして，「誰のうちへ～」と歌い歩きだしたら，慌てて戻ってきます。勿論，全員戻ってこなくても，集まった子たちでどんどん遊びは進みます。存分に遠くまで行く遊びをしたら，ちょうど良い時に子どもたちは戻ってきて，門くぐりをします。スキップも，それぞれ好きなようにスキップしています。このように自由に遊べる部分があることも，「いちわのからす」の後に遊ぶ方が楽しいと思います。

◎第三段階　5歳　円の端の，移る門

⑦　もつれんな

『もつれんな』

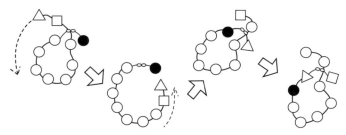

● 実践⑦

ア）いつものように，両手を開いて出して，円を作ります。円ができたら，右手で右側の子と門を作り，左側の子には歌いながら，つないだ手で門をくぐるように誘導してから，その手を離す。よく遊べている子たちなら，その誘導で門をくぐり，自然に円に戻ってくる。

イ）戻ってきた先頭の子と手をつなぎ新しい門を作り，2番目の子に門を通るように合図する。この時右手はそのまま離さないで，手を下げて門でなくなるだけ。

ウ）次の子が戻ってきて左端の子と手をつないだら，門を作るように合図を

する。自分は前（右手）の子に連動して自分の左手の門をくぐって門は終わり，皆についていき，新しい門をくぐっていきます。

★　ポイント⑦

ア）円から門を作る時は，右手で門を作り，左手でつないでいる子は門に誘導して左手を離します。

イ）その先頭が戻って，新しい門を作る時，両手ともつないだままで動きます。右手を離すと，迷子になります！

ウ）この遊びも，初めは少し戸惑いますが，慣れてくるとエンドレスで続く，心地良い遊びの一つです。

B　二重輪
◎第二段階
⑧　たまりや　４回で一セット

『たまりや』

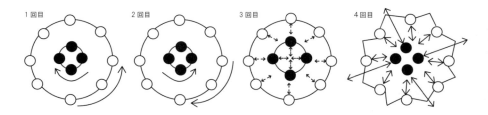

● 　実践⑧

ア）外の輪を遊ぶ。

①左まわり　②逆まわり　③前後（４歩×２回）（前進・後進・前進・後進）　④全員門で前後（４歩×２回）

何回繰り返した？　どう動いた？　ゆったりと，質問するのはとても良い。出てきた全ての答えを，繰り返してあげ，どれが正解かは言わずに，もう一度遊ぶ。そうすると，子ども達の頭も身体も，活発に働いて，理解

が早まり，活き活きと動く。

イ）多くの子が，外の輪の動きを理解し，良い動きをしようと適度な緊張感をもったら，次に進みましょう。外の輪の約１／３の人数を鬼きめで選び，輪の中に連れて来る。大人はその子たちと輪を作り，歌い歩きだす。外の輪も今までのように，遊びつつ，中の輪の動きに注意するでしょう。

〈中の輪の動き〉

①逆まわり　②左まわり　③前後（４歩×２回）（外の輪と一緒）　④腕組み門くぐり（４歩×２回）（外の輪と逆後進・前進・後進・前進）

ウ）中の人が，「チュチュチュ」と鳴いて外の輪の人と代わる。

★　ポイント⑧

イ）外の輪を遊んだ心地良い流れの中で，大人は「鬼きめ，手つなぎ，歌い出し」の一連の動きを，スムーズに無駄なく余分な言葉は挟まず，うた（鬼きめ・たまりや）と動作だけで進めていきましょう。

　そうすれば，わらべうたに慣れている子たちは，一緒に外の輪の遊びを自然に始めるでしょう。

ウ）中の人が，代わらないで数回繰り返すのも，心地良い遊びになります。大人数ですると，マスゲームのような，美しさもあります。

2 円以外

A 練り歩き

◎第二段階

① かなへびこ　手つなぎの練り歩き　4歳

4歳　『かなへびこ』　　　　　　　　　5歳　『じゃんこう』

● 実践①

＊手をつないでの，練り歩き。ひたすら歩く。「今日はだれが，頭になる」
　と先頭交代で，５・６人〜10人くらいまでのグループで遊ぶ。

★　ポイント①

＊散歩に行った時などに，かなへびやトカゲなど見つけて観察すると楽しい。
　日本中で６〜９月に数回産卵するので，飼ってみても良いが，餌は昆虫・
　クモ。シッポが切れるが自生する。一緒に，図鑑で写真を見たり，物語を
　読むと良い。（ブリ・ブラ・ブル『おんどりのジュリととかげ』明治図書
　p.148）

◎第三段階

② じゃんこう　5歳

● 実践②

ア）手つなぎでなく肩を持つか，腰を持つかのつながり歩き。だんだん速さ
　を増していって，それまで！となったら，先頭を交代して普通の歩きから

始めてだんだん速くする。楽しいが，危険もある。人数はやはり10人くら
いで遊ぶのが基本で良いと思われる。

イ）慣れてきた時に，「今日は大きい蛇でやってみる？」とか，問いかけて，
したい子だけで20人くらいでするなど。全員でするとしたら，体格の差が
あるのを，どうやったらうまくいくか，危なくないか，など，子ども達で
相談させてから，してみるのも良い。

★　**ポイント②**

ア）安全と面白さと，その兼ね合いをどうやって解決するのか，考える良い
機会だと思う。出てきたアイデアを皆で実際にしてみる。危険を感じた時
に，感じた人がどう合図をするのか？　その時，皆はどうするのか。子ど
もが疑問をいっぱい出し合えるように助ける。

イ）勿論，実際にする時は，必ず見ておく。危険を恐がって何もしないので
はなく，遊びの中で対応する力をつけておきたいものです。

B　2人組　交差した手の練り歩きと方向転換

③『もうひがくれた』『つんつんつばな』　4歳　④⑤『かわのきしの』『みんないそいで』
5歳

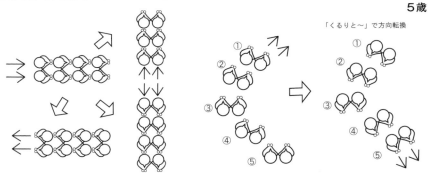

「くるりと〜」で方向転換

◎第一段階

③　もうひがくれた　つんつんつばな　4歳

● 　実践③

ア）「2人組になりましょう。でも今日はちょっとかっこ良く，洒落た手つ
なぎをします」と交差した手つなぎを見せて，立つ。大体2人組ができた
ら，歩きだす。

　　先ず，直線歩きで，歌の終わり「もどろ」「かえろ」で，くるりと逆に
向き，そのまま2回目の歌は一番後ろの組が先頭になり歩く。そしてまた
終わりで「くるり」とまわり，初めの組が先頭になる。と両端が交互に先
頭になって，面白い。

　　何度もすることで，両端の先頭も上手になってくるでしょう。

イ）2度目の時には，同じように始めて，数回したら両端の先頭を交代しま
しょう。まず，先頭をした両端の2人組は真中に入る。2番目の組が両端
の先頭になって，遊ぶ。終わったら真中に入り3番目の組が両端になる。
そうやって交代して全員が先頭を体験する。

ウ）直線歩きに慣れたら，練り歩きもしてみましょう。これは逆歩きはせず
に，曲線歩き，右折や左折の方向転換をしてみましょう。ただしこれは，
はっきりとした動きでないと，違いが体感できませんので，全て大人との
2人組が先頭で行いましょう。　5歳　第二段階

★　ポイント③

ア）一人歩きのような，自由な練り歩きも面白いが，2人組も面白い。交差
した手つなぎでは，逆向き（前後）の方向転換は一番易しいのだが，頭で
考えると手を離してしまい，難しくなる。手を離さず，身体を回すだけ。

　　2人のタイミングがあえば良いだけ。歌に合わせてクルリとまわるだけ。
歌の中で自然にすることが，一番易しい。

ウ）2人組での右折左折は，軸になる人・外になる人，で随分動きが異なる。
軸になる人は特に身体が丸ごと（頭から足先まで）瞬間的にそちらに向く

ようなつもりで足踏みし，外になる人は数歩掛けて方向転換する。そんな違いを，自然に会得するように，一杯遊べると楽しいですね。 5歳 第二段階

◎第三段階
④⑤　かわのきしの＋みんないそいで 5歳

● **実践④**

ア）交差した手つなぎの２人組で円歩き。「かわのきしの」から始めて「くるりと〜」で逆方向に向いて歩き，そのまま「かわのきしの〜」と続ける。

● **実践⑤**

イ）交差した手つなぎの２人組で自由な練り歩き。「かわのきしの」から始めて「くるりと〜」で逆方向に向いて歩き，「みんないそいで〜」をつないで歌い歩き，「いちにさん」の「さん」で手を離し，他の人と２人組を作る。２人組ができたところから，「かわのきしの〜」で練り歩きを始める。

★ **ポイント④**

ア）とても単純な遊びです。でも，交叉した手つなぎの，ちょっとした大人感覚などで美しく歩ける遊びです。田んぼや山里の中の水車を見たことありますか？　そんな写真を見てみましょう。永遠に続いているような，水車の「ゴットンゴットン」「コットンコットン」という突く音（お米？小麦？）も聞けると良いですね。

★ **ポイント⑤**

イ）初めの遊びでは，いつものように大人が一緒に遊び，終わったところで手を離して，優雅に近くの子と手をつなぎ，歌い歩きだしましょう。ここで，この歌のもっている素朴さ温かさゆったりした雰囲気のままで，次の

相手を探すモデルができると良いですね。そうすると，良いタイミング，良い速さで，「かわのきしの〜」と歌が次につながっていくでしょう。

C　様々な隊伍　5歳
◎第二段階
⑥　ぺんときて（盆おどり）

●　実践⑥

ア）子どもが振りつけたという，その楽しい踊り（？）を，歌いながら丸くなって皆でしましょう。盆おどりのような，楽しい群舞になります。

イ）自分たちで，新しい踊りをみんなで作ってみるのも，楽しいです。大人どうしで，色々作って皆で共有するのも，良いですね。

◎第三段階
⑦　ねすごした＋ななくさ（なっきりぼうちょう）（門付け）

『ねすごした＋ななくさ（なっきりぼうちょう）』

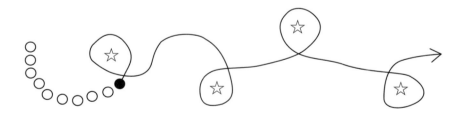

●　実践⑦

ア）「ねすごした」の解説文に従って，遊びます。正月明け，七草粥などの話をして「ななくさ」の歌を歌いながら，両手で菜を刻むようにします。「春の七草」を思い出して，一つずつ刻んでいくのもよいでしょう。（七草は写真や絵を皆で見ましょう。「せり・なずな〜」と覚えましょう。最近は，七草粥の元として売っているお店もあります）

イ）そのあと，七日正月の前の晩からの行事などの話をし，門付けについて

の話をしましょう。そこで，「家で寝てて，七草を刻む人と，起こしに行く人に分かれて，門付けをしましょう。家にいて，七草を刻みたい人」と募ります。

　　３・４人選び，それぞれの家を決めて寝てもらいます。七草に見立てた，積木等を籠に用意して，それぞれが持っていくのも良い。

ウ）そこで，門付けのグループを引き連れて「ねすごした」と歌い歩きだします。自由に歩き，一人の家の近くに行ったら，ぐるりとまわって取り囲み，歌いながら一回「ねすごした」と手ではやしながら歌います。

エ）それで起きたら「ななくさ」を家の子が，好きなだけ歌います。歌い終わったら，皆はまた歩きだし，次の家に行き取り囲み一回はやして家の子が「ななくさ」を歌います。

★　ポイント⑦

ア）演劇的要素を取り入れた遊び。一昔前は，実際に村ごとでこのような遊びや，訪問しての食べ物集めなど，子どものお祭りがあった。今はそんな行事がほとんどなくなった。しかし，子ども達にとっては，大好きな小さな冒険の擬似体験です。一度，ためしに遊んでみてください。

イ）地域で，同じような行事があったら，実際の遊びを教えてもらいましょう。体験している子たちに教えてもらい，皆で劇のように遊びましょう。

⑧　お正月ええもんだ（隊列）

『お正月ええもんだ』

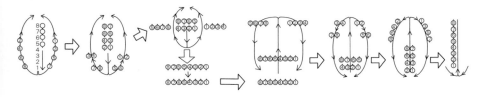

● 実践⑧

　わらべうたをいっぱい遊んで，心身ともに整って，空間認知ができ，歩きのコントロールのできる子たちなら，楽しめる遊びです。

ア）出発点と到達点の2箇所を決めます。その間に，真っ直ぐな3本の道を考えましょう。真中は幅広の，出発点から到達点への道。両側は，少し細めの，逆方向・到達点から出発点への道。どちらも一方通行。

イ）出発点の前に縦一列に並びます。歌と共に前進し，到達点まで来たら交互に左右の道に分かれて，出発点まで戻ります。戻ったら，両方から来た人が手をつなぎ真中の道を2人組で前進。到達点に来たら交互に左右の道に分かれ，出発点に戻り，4人組になる。

　　4人組で前進。到達点で交互に左右の道に分かれ出発点に戻り，8人組に。前進して，到達点まで来る。足踏みし，歌の終わりで後ろ向きになる。

ウ）今度は逆に出発点に向かって真中の道を前進し，着いたら4人ずつ左右の道に分かれ，前進。到達点で左右の道から交互に真中の道に入り，出発点に向かう。

　　着いたら，2人ずつ左右の道に分かれて到達点へ，左右から交互に真中の道に入り，出発点に向かう。

　　着いたら，1人ずつ左右の道に分かれて到達点へ，左右から交互に真中の道に入り，出発点に向かう。

　　着いたら，全員がまわれ右して元の一列に戻り，足踏み。歌の終わりで止まる。

★　ポイント⑧

大人＝指揮者

　まず，イ）の時に，大人は真中の道の到達点のところに立って，指揮をするように真中の道を来る人を**右側・左側**に振り分ける合図をします。8人揃ったら，その回の歌が終わった時に後ろを向くように合図をします。

　次にウ）の時は，左右の道から来る人を，**左組・右組**と交互に真中の道に

送り出す。最後は1人ずつ左・右，左・右と真ん中の道に戻して，出発点に全員戻ったら，前に向くように言って，初めに戻る。

ア）出発点と到達点，その2つを結ぶ真中の一本道と，その右と左の道，の
　　3本の道を通っていくことを，告げておくと解りやすい。
イ）到達点の前に立って，交互に左右に分かれるのを合図する。右から始め
　　る。
ウ）元に戻る為，左右から来た時には交互に入るのを合図する。左から始め
　　る。この合図が間違わない限り，うまく，元に戻れます。元に戻った時の
　　成功感は，すごく気持ちよいもので，思わず皆で拍手してしまいます。

3　うずまき

＊両手を広げて，円を作る。右手は，手を離して円の内側に沿って左まわり
　に渦を巻いていく。解き方が，3段階①②③とあります。
＊大人同士で，方向転換の動きを何度も練習しましょう。その都度，頭で考
　えていると間違えやすく，子どもたちを混乱に陥れます。
＊渦の解き方は，①をキチンと身に付け，次に②をしましょう。この2つは
　是非，幼児の時に体験させてあげてください。③は学童でもできることで
　す。大人の中で得意な人に先頭をしてもらい，まず大人が楽しみましょう。
　混乱しなくなったら，子どもに降ろしましょう。

うずまき

うずまき基本　　①『でんでんむし』　　　　　　②『ツルツル』
　　　　　　　　①『かりかりわたれ』　４歳　　②『ろうそくのしんまき』　５歳

③『ろうそくしんぼう』　５歳

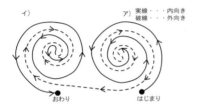

◎第一段階

①　でんでんむし　かりかりわたれ　4歳

●　実践①

ア）巻き終わったら，今まで右手の方に向いていた身体を，左手の方に向ける。そして，尻尾の子に「ほどいて」と言って，解く方向を手で示し，歌いだして逆に歩きだす。

イ）元に戻ったら，そのまま歌いながら尻尾の子と手をつないで円になり左手の子を円の中に誘導しながら手を離して進ませる。途切れることなく，渦巻き，解き，と全員が先頭をしたら終わり。

★　ポイント①

ア）しっかりと良く巻いて，皆が巻けたと感じてから，歌の初めに合わせてクルリと方向転換をすると，わかりやすい。

イ）輪の全員がするということが決まっていると，予想がつき，遊びに没頭

できる。

ウ）初めは，二重輪になるくらいの方が，易しいかもしれないが，よく遊べるクラスなら人数が多い方が三重くらいの渦になり楽しい。でも，あまり多すぎて全員が先頭をすると長すぎる時は，次第にダラダラとなりやすいので，２組に分けて遊ぶのも良い。

◎第二段階

② ツルツル ろうそくのしんまき 5歳

● 実践②

ア）巻き終わったら，その向きの正面にいる子たちに，「門を作って」と伝えて，その門をくぐって輪の外に出て左まわり。輪と同じ方向に向いてまわりながらほどいて，端の子と手をつなぎ円に戻る。戻ったら，左側の子が円の内側に進むように誘導して，手を離す。

イ）全員先頭になって終わり。

★ ポイント②

ア）門をくぐって，輪の外に出る時，逆に出る子が時々いる。これまでの遊びで，身体の内側に向かってまわる，という自然な動きが身に付いていないとしたら，「ひらいたひらいた」などをたっぷりと遊ぶと，身体が自然に動くようになるかもしれない。

イ）門を作った子たちが，門の子自身も門をくぐらないといけないので，あたふたすることがあるが，周りの子などの助けを借りたりしながら，だんだんと慣れていく。

ウ）この遊びは人数が多いと巻き終わらないことが起こります。

・「ツルツル」は繰り返し歌って，巻ききったら歌の途中でも門くぐりを始めます。

・「ろうそくのしんまき」では「まだたらん」を何回も繰り返すか「まいてもまいてもまだたらん」を２～３回繰り返すかして，しっかりと巻き

終わったところで「もどけもどけ」と歌いだしましょう。誰もがその瞬間を注目して一斉に一声で「もどけ〜」と歌いだしたら，どんなに気持ちが良いでしょう。

◎第三段階
③　ろうそくしんぼう　5歳

● **実践③**

ア）巻き終わったら，シッポほどきとは逆に右側に反転して，自分の渦と隣の渦のあいだを，輪の入口に向かって歩いていく。

イ）入口に出たらそのまま，円を外向きで作っていき，そのまま渦を巻く。巻き終わったら，さっきと逆に左に向き直って渦の間を外に向かって歩いていき，初めの内向きの円に戻って終わり。

★　**ポイント③**

ア）この渦巻きは，①②と違って，一回で終わり。全員が先頭をする必要はない。往復の渦をすると，結構な緊張感が続くので，一回でも満足するようです。基本，大人が面白い体験の手助けをするつもりで，先頭で遊ぶ。先頭をしたい子がいれば，２・３人がするので充分な遊び。

4　ことろ

①『かなへびこ』　　　　　　　　　　　　③『いもむしこむし』
②『ことろことろ（ももくれ）』

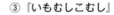

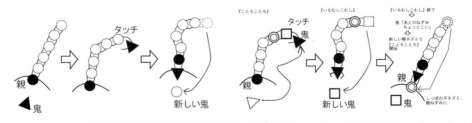

● **実践①**

＊子どもを取りにいく鬼。子どもたちを守る親と子どもたち。

鬼が，親の後ろにつながる子どもをタッチするか，捕まえる。捕まった子が次の鬼。今までの鬼が親になり，今までの親の前に入る。

◎第一段階　4歳
①　かなへびこ
ただ「かなへびこ〜」と歌いながら，親は遮り，子どもは逃げ，鬼は捕まえにいく。

◎第二段階　5歳
②　ことろことろ（ももくれ）
鬼と皆の交互唱「とるならとってみろ」のあと，鬼は動き出し捕まえる。捕まるまで「ことろことろ」を歌い続ける。「あの子を」に捕まえられる後ろの子の名前を入れるのも楽しい。

◎第三段階　5歳
③　いもむしこむし　セリフのやりとりが入っている
初め鬼以外はつながって，「いもむしこむし」としゃがみ歩き。鬼が出て「あとのねずみちょっとこい」で皆立ち，シッポのねずみが親ねずみになって，前に来る。

問答が終わると，皆が「コトロコトロ〜」と歌いだし，親ねずみは手をひろげて遮り，鬼は追いかける。鬼は，シッポの子を捕まえたら，皆の前に入り，「いもむしこむし〜」と歌いしゃがみ歩きを始める。

新しい鬼が，「あとのねずみ〜」と始め，新しい親を呼ぶ。

★　ポイント③

この遊びだけ，役交代が少し違います。捕まえた鬼は，次の鬼を捕まえたら皆の前に入りますが，親にはなりません。後ろの子が呼ばれて鬼とやり取りをして，親になります。鬼は鬼だけ，親は親だけする遊びです。

第4章

音楽教室での
課業とカリキュラム

◆**音楽教室での課業**（理論編　第4章 p.112〜）

（1）　音楽の基礎は一緒　第一段階〜第三段階（理論編 p.126〜139）

　音楽教室であっても，基本は遊びです。否，音楽教室だからこそ，遊びが重要です。Play the music. です。音楽は，高度な遊びです。人間の全身全霊の表現です。身体全体を使って，音楽の中に入り込めるからこそ，細かい指や腕の動きを使って器楽を奏し，身体全体で歌うことができるのです。

＊音楽の最もシンプルな，基礎的な形である「わらべうた」を通して，身体全体で音楽の総合的な感覚と，基礎的感覚を，同時に身に付けるのです。

＊その上で，初めて拍感・拍子感（わらべうたは基本である2拍子）・リズム感を，身に付けることができます。それが課業です。

＊上巻の課業の第一段階から，第三段階までを，致しましょう。そこが出発点です。（上巻 p.158〜172，理論編 p.48〜52参照）

　年齢に合った3歳の遊びと課業から，きちんとしていきます。飛び越えての遊びや課業は，ソルフェージュになった時，必ず解らないことが出てきます。幼児の時数ヶ月でできることが，学童になって学びなおすと半年以上かかります。その年齢に相応しい基本の課業をしっかり楽しみ習慣化しましょう。それが，一番の近道です。

＊音楽教室では，時には楽しくスムーズに課業が進むクラスも出てくるかもしれません。その場合の参考に，次の段階の課業を書いておきます。

（2）　歌うこと　歌と共に遊ぶ　第四段階（数曲ずつ） 5歳

上巻　第5章参照。特に p.159〜160の幼児の課業の一覧表

ア）同じ音構成のカルタ数枚で

＊多くの子ども達が，モチーフごとの交互唱ができたクラスは，子ども同士での交互唱をさせてみましょう。

　　1）一曲を一つの大きな音楽の流れの中で，皆で楽しむようにしましょう。
　　　　カルタを皆に見せる→歌＋膝叩き・交互唱→音声＋膝叩き・交互唱→

歌＋手叩き・交互唱を一曲のように，間を空けずにする。

　２）グループに分かれて練習して，グループごとに発表する。

　３）子ども達の習熟度を見て，１枚を２〜３度。習熟したら次の１枚を足して，２枚がスムーズになれば３枚目を，と増やしていきます。５枚できたら，新しい４）に進むか，新しい５枚の１枚目を始めるか。同じ形を繰り返しすることで，子どもの中で歌と手の動きが自動化され，また内的に音楽が深まっていく。解っているか？　できているか？　の評価ではなく，全員ができる為の，できる子はより美しく叩く為の，遊びとしてする。

イ）２組に分かれて数枚の歌のカルタ取りをする

　　同じカルタを取った２人がペアとなって練習して発表する。

　　ａ）音声歌いを聞いて取る

　　　　歌の交互唱と，音声歌いの交互唱を発表。

　　ｂ）手叩きを聞いて取る

　　　　歌と手歌いとその交互唱，手歌いのみの交互唱を発表。

　１）一度にａ）ｂ）両方はしない

　２）カルタ取り　大人の問題の出し方のルール

　　・難しい歌から始めて易しい歌にしていく。

　　易しい歌から始めると，良く解る子が易しい歌を先に取ってしまう。そうすると，不得手な子は難しいのは解らないから，結果１枚も取れない子が出てくる。取れない子を出さない，工夫をしよう。

　　取れなかった子に，取れた子から譲るようなことはしない。それをすると，取れる子は，不満を感じ，取れない子は意欲をなくす。

　　取れない子は「取らなくても発表できる」となると，頑張って取ろうと思う気持ちが湧きません。それは，第一歩から学習意欲を削ぎます。

　　勿論「取れなかった子は発表しない」は，子どもの学ぶ権利，学習意欲を奪うことになります。それは，大人としてするべきことではないでしょう。

３）発表の順番は，子ども達の希望で決める。それぞれの，難しさや自信によって，子ども達の中での心の思いがあります。それを尊重することでうまくいっても，いかなくても，次の力になるように，気持ちを尊重しましょう。もちろん，同じ順番を希望した時は譲ることもありますし，ジャンケンなどで決めることもあります。大人が決めることはありません。

（３） 歌うこと　歌と共に遊ぶ　第五段階（一曲ずつ）（上巻 p.170）

本来は，学童でする遊びです。

ア）第四段階が良くでき，次を要求するクラスやグループが出てきた時に，参考のために，出します。基本は第四段階までです。

＊大人と子どもたちで，１曲歌います。１回は拍叩き，１回は言葉叩き

＊子どもたちが全員で膝叩きをし，大人が同時に手叩き（言葉叩き）をする。

両方歌いながら→両方歌わずに

＊子どもたち全員が，手叩き（言葉叩き）をし，大人が同時に拍叩きをする両方歌いながら→両方歌わずに

イ）数人ずつのグループで，同時に膝叩きと，言葉叩きをする。他の人は聞く。各グループのリーダー１人ずつに太鼓（拍）とカスタネットかウッドブロック（言葉）を叩かせるのも良い。

（４）　次のステップの準備としてする課業（上巻 p.159～160）

ア）遊びの中でする，言葉変え　4歳後半から

緩やかな言葉変えで，遊びを発展させる遊び。基本は，その部分のみ言葉を変えて，音はそのまま。しかし，リズムは自由。

（例）おじいさんおばあさん　海老くって→イカくって　大根くって

ステーキくって　テレビくって

てるてるぼうず　てんきに　→あめに　曇りに　台風に　嵐に

　　ぶーぶーぶー→メーメーメー　コッコッコ　ヌルヌルヌル

　　豚の声　　　→ヤギの声　鶏の声　へびの音

　　　　　　　カラスの声　ライオンの声

　　　　　　くつわむしの声

　　ぎっちょ　こめつけ　　→あわつけ　むぎつけ

　　　　　　　まんじゅうつけ

＊初めは，大人が遊びの中で違う言葉で遊びだしましょう。子ども達は「何が始まったか」と思うでしょうが，そのまま続けましょう。何をしたかわかった子どもでも，すぐ真似して言葉を変えるのは，難しいでしょう。そんな中子どもたちの馴染みの言葉や想像しやすい名前や言葉を入れて遊びます。そうする中で，少しずつ子ども達も言葉変えを始めます。

＊様々な言葉変えによって，子ども達は自分自身の遊びとして活き活きと遊びが続きだし，連想遊びになっていき，その発想のとんでもなさに，本当に良く笑います。

＊同じリズム＝音節　の言葉を探す遊びとは違います。様々な音節の言葉が出てくることで，逆に同じ音節の長さの言葉に気が付いたりします。

イ）モチーフ単位の真似っこ遊び　 5歳後半から 　（理論編 p.138〜139）

＊今までに，交互唱で歌ったモチーフの中から使う。元歌がわかってないと，その変化の面白さが解らない。

＊同じモチーフの，⑤音変え⑧リズム変えで真似っこをする。

（上巻 p.159〜160課題⑤高低　⑧リズム）

　　同じモチーフを，一週目：音変え，二週目：リズム変えと，続けてする。

　１）⑤　　音変え遊び（言葉・リズムを変えず，音のみ変える）（上巻 p.159〜160）

＊構成音がレド・レドラ・・ミレドの歌で，基本的リズム（l 　・ ⌐ ・ z）

のみのモチーフを使う。

＊「真似してね」の声かけで始める。

＊必ず，初めに元歌の音で歌い，子どもが何の歌か確認できるようにしてから音変えをする。

　　ａ）元歌の構成音の中で，音変えをして，真似させる。（レド）

　　ｂ）それが，できたら，次の構成音の音変えをして，真似させる。（レド　ラ）

　　ｃ）それができたら次の構成音の音変えをする，と順に難しくする。（ミレド）

＊準備

　　ａ）元歌の音を書き出す。

　　ｂ）音を入れ替えて書き出す。

　　ｃ）ピアノなどで弾きながら歌ってみよう。無理に難しくする必要はない。

　　　レド　　　　→同音・レド　ラ・ミレド

　　　レド　ラ　→同音・レド・ミレド

　　　ミレド　　　→同音・レド・レド　ラ

　　　　｜　　　｜　　　｜　　　｜

　　　　レ　　ド　　レ　　ド　→レレドド→レドドド→ドドドド→ドドドド

　　　ぎっ　ちょ　ぎっ　ちょ→ドドドレ→ドレドレ→レレレレ→レドレラ

　　　　　　　　　　　　　　　→レドラ，ド

　　　　　　　　　　　　　　　→ラ，ドレド→レミレド→レドレミ

　２）⑧　言葉変え遊び（リズムを変えず，言葉を変えていく）（上巻 p.159〜160)

＊音の高低はつけないで，唱えの形です。

　　・歌うと，リズムに集中できない。（音とリズムと，どちらが変わったか解りにくい）

＊必ず手叩き（リズム叩き）をしながら，口で唱える。

・言葉の音節（幾つの音でできている言葉か）の確認が明瞭にできる（こ
　ん・ちょ・どっなどは，書く時には２文字だが，発音では一つになるの
　で，リズムとしては１文字として扱う。この原則を確認しておこう）
＊元々が唱えのものは，「遊びでない他の目的が始まる」と解りにくくなる
　ので，使わない。（音のある歌を音無しで歌えば，自然に気になって聴く）
＊「真似してね」の声かけで始める。
ａ）元歌をトナエつつ，手叩きをして，先ず真似をしてから，変えていく。
　　その真似の様子で，知っている歌と気付いているか解る。
　・手叩きで，今歌ったモチーフの言葉が聞こえないのに，言葉変えは意味
　　がない。もっと色々な歌のモチーフの手叩きを遊ぶのが先です。
　・真似をしてない子には，子ども自身が，手叩きとトナエをすることを促
　　す。

＊準備
ａ）基本的リズム
　　簡単なものから，順次する（｜　　　┌┐　　z　　のみのリズム）
ｂ）言葉をどう変えていくか，必ず書き出して，トナエと手叩きをしてみる。
　・繰り返しのものは，基本同じように同じ言葉を繰り返す。
　・ペアのものは，動物同士・自然同士・花同士・色同士・物同士に変える。
　・前半後半，別々に変えられるものは，
　　い）後半はそのままで，前半をどんどん変えていく。前半はそのままで，
　　　　後半をどんどん変えていく。（意味がつながるものから始め，つなが
　　　　らないものも面白い）
　　ろ）途中で前半からつながる後半の言葉があれば，前半はそのままで後
　　　　半を変えていく。（又は，後半はそのままで前半を変えていく）一度
　　　　に全部を変えると，元歌との関連が解らなくなり，新しいモチーフが
　　　　始まったのかと，勘違いする子も出てくる。目的が解らなくなる。
　　は）休符が入るモチーフは，言葉が少ないので，一箇所だけ変える。
　　＊意味がつながるものは，「ヘー」という感じで楽しい。でも，意味の

つながらないミスマッチも，その奇妙さが想像されて面白がる。言葉
遊びとしての，面白さ。

c）ある程度，繰り返していくと，子どもも思いついて，言葉を言いだす。

・リズムと合うなら，すぐ手叩きしながらトナエて見せ，皆で真似する。

・リズムと合わない提案があっても，その言葉だけを手叩きしながら元の
リズムに乗せて唱えて確認して聴かせ「足りないね」とか「多すぎた
ね」と，確認してあげる。

言葉の繰り返し

言葉がペア

前半・後半別々に変えていくと面白い

休符があるもの

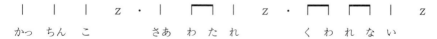

例

```
 |  |  |  | ·⌐⌐  |  ⌐⌐ |  ⌐⌐ | ·|  ⌐⌐ |  ⌐⌐· |  ⌐⌐ |  z
```

ぎっちょ	ぎっちょ	お	じ	さん	お	ば	さん	お	ちゃ	を	の	み	に	さあ	わ	た	れ
がっちょ	がっちょ	お	姉	さん	お	兄	さん	こう	ちゃ	を					あ	る	け
ぶっちょ	ぶっちょ	い	ぬ	さん	ね	こ	さん	コー	ヒー	を					は	し	れ
べっちょ		う	ま	さん	う	し	さん	ジュー	ス	を					ま	わ	れ
ぺっちょ		か	わ	さん	う	み	さん	ジュー	ス	を	こ	ぼ	す		お	き	れ
ぺっちゃ		そ	ら	さん	や	ま	さん				かっ	た	よ		ね	ろ	よ
ぽっちゃ		イ	カ	さん	タ	コ	さん				ひー	や	す		は	な	せ
		イ	カ	あげ	タ	コ	あげ	ビー	ル	を	ひー	や	す		た	べ	ろ

◆音楽教室のカリキュラム

（1）　幼児クラスのレッスンの概要

1　全体の流れと共通点

　①1時間の中での順序（鑑賞・遊び・課業）は基本的に変えない

　②子ども達のわらべうた遊びは，自由参加（3歳前半）から全員参加へ

2　年齢別授業の形と内容

　3歳　自由参加で始める（参加しない子の遊びを保障＝幾つかの玩具）

　　　　徐々に，参加していくように促し，全員参加に向かう

　　　①鑑賞（鑑賞曲・語呂合わせ・詩）遊ばせ遊びなどから1つ（1度に3回2週）

　　　　絵本（時々。季節に関する物＝食物・植物等はその季節に）

　　　②遊び（わらべうた・ファンタジー遊び・製作等）

　　　　言葉で説明せず，遊びを見て真似る

　　　　1度に新曲は1曲が原則　3〜4曲

1つの遊びは，6週間繰り返して遊ぶ

　　　（課業　後半のみ遊んだ歌のカルタを見て皆で歌う。1～2枚）

　　③鑑賞

　　　①で取り上げた分野と重ならないものをする

　　　（1度に3回2週）

　　　①とは，ずらして導入＝①と③が一つは新，一つは2度目

4歳　基本全員参加　少しずつ個としての自律を促す

　　①鑑賞（3歳と同じ）（1度に3回2～3週）

　　　＋絵本・昔話などを聞く・見る

　　②課業（遊んだわらべうたのカルタを見て歌う＋の各課業を一つずつ）5分程度

　　③遊び　わらべうた3～4曲（新曲は1曲・遊びは6週は続ける）

　　　見て真似る　＋予想する

　　　言葉から動く

　　④鑑賞　①と重ならない分野（3回2週）

5歳　全員参加　個々の自律的遊びを互いに助けて，長く遊ぶ

　　①鑑賞（3歳と同じ）（1度に3回2～3週）

　　　絵本・昔話などを聞く・見る（1回1度）

　　②課業　毎回1つの課業のみする5～10分程度

　　　＊歌うカルタを見て数曲続けて歌う

　　　　（言葉歌い・パパなどの音声歌い＋膝の拍叩きしながら）

　　　＊交互唱　教師と皆　カルタを見て数曲続けて

　　　　（言葉歌い・パパなどの音声歌い＋膝の拍叩きしながら）

　　　＊手で歌う（リズム叩き）カルタを見て数曲続けて

　　　　（言葉歌い＋パパなどの音声歌い）

　　後半＊モチーフ歌い＝言葉変え・音変え　交互に毎週

　　　　（言葉変え　全部変え・部分変え　手でリズムを叩きながら）

（音変え　言葉のリズムは変えない）

＊内聴　カルタを使って　数曲続けて

（言葉で全体を歌う＋部分内聴＝カルタが裏を向いた時）

③遊び　わらべうた

長い遊びなどの時は3曲くらいになる（1つの遊びは6週）

鑑賞できいた文学などを演じるのも可

④鑑賞　①と異なる分野のもの（1度に3回2週）

＊遊ばせ遊び・わらべうたの音構成・リズムの分類・形はソルフェージュ1に掲載予定

（2）　各年齢のカリキュラムのサンプルとポイント

3歳前半の始まり

日	鑑賞	文学	新曲	遊び　20〜25分	ファンタジー　20〜25分
4／5	ねんねこせ	親亀の上に	せんべせんべ（鬼きめ）	せんべせんべ ダイコンツケ	＊おにぎりつくり コメコメコッチコ ぎっちょ
12	〃	〃	なべぁおおきぐなれ（しぐさ）	せんべせんべ ダイコンツケ	コメコメコッチコ ぎっちょ ななくさなずな なべなべ
19	うめとさくら	〃	ふしゅふしゅカピラ（しぐさ）	せんべせんべ ダイコンツケ なべぁおおきぐなれ	コメコメコッチコ ぎっちょ ななくさなずな なべなべ
26	〃	ちょうちょうちょうちょ	このこどこのこ（2人組）	せんべせんべ なべぁおおきぐなれ ふしゅふしゅカピラ	コメコメコッチコ ぎっちょ ななくさなずな なべなべ ＊遠足　どんどんばし
5／10	きよみずの	〃	たんぽぽ（ファンタジー）	せんべせんべ なべぁおおきぐなれ ふしゅふしゅカピラ このこどこのこ	ぎっちょぎっちょ ななくさなずな なべなべ どんどんばし

| 17 | 〃 | あかい とりこ とり | 郵便配達

（役交代） | せんべせんべ
なべぁおおきぐなれ
ふしゅふしゅカピラ
このこどこのこ
たんぽぽ | ななくさなずな
なべなべ
どんどんばし
＊遠足の帰り
ぎっこばっこ |

３歳後半の始まり

日	鑑賞 3〜5 分	文学 5〜10 分	新曲	遊び 30〜40分	ファンタジー 10〜15分
9／	こもり うた①	語呂合 わせ①	鬼きめ③ （歩き⑤） 投げ上げ⑧	（おにぎりのお手玉で，初めに鬼きめをして，渡していくなど） イチジクニンジン⑧ 前学期の遊び	布織り（ハタハタオレヨ） 模様付け 洗い（ももやももや） 干す（上から下から）
			歩き⑤	鬼きめ③ 前学期の遊び	布織り　模様付け　洗い 干す
	うた	絵本	しぐさ遊び⑦	鬼きめ③歩き⑤ 前学期の遊び	布織り　模様付け　洗い 干す 着てお祭り（センシュカンノンサン）
		語呂合 わせ②	しぐさ２人組④	鬼きめ③歩き⑤しぐさ遊び⑦ 前学期の遊び	布織り　模様付け　洗い 干す 着てお祭り
	こもり うた②		（昔遊び）① ジャンケン②	鬼きめ③歩き⑤しぐさ遊び⑦ しぐさ２人組④	布織り　模様付け　洗い 干す 着てお祭り（打楽器）
		詩	門くぐり①	鬼きめ③歩き⑤しぐさ遊び⑦ しぐさ２人組④ジャンケン②	布織り　模様付け　洗い 干す 着てお祭り（打楽器）
			役交代④	歩き⑤しぐさ遊び⑦しぐさ２人組④ジャンケン②門くぐり①	凧揚げ（たこたこでハンカチ振り）
		絵本	隊伍①	しぐさ遊び⑦しぐさ２人組④ジャンケン②門くぐり①役交代④	凧揚げ（ハンカチ）連凧（ハンカチつなぎ）

同じ種類の遊びばかりにならないように，新曲の計画を立てる。

　初期には，皆が同時に動ける遊びをたっぷりする。その中に，少し先を行く遊びを入れる。

　新曲を，初めにするか，途中でするか，最後にするかは，「最も子ども達が集中できる時」。他の曲がどの程度遊べているか，新曲がどの程度の難しさかによって，考える。

　ファンタジーの中で，多くの歩きの場面を入れ，様々な歩き方でひたすら歩く遊びを入れる。

　３歳後半は，昔話などの短い読み聞かせを入れていく。

　３歳後半は，少しずつファンタジーを少なくしていき，遊びの時間をたっぷり取る。

　昔遊びは，紹介をした後は，できれば自由遊びの中でつなぐ方が良いように思います。技術的な要素が大きいので，個人差が大きいからです。集団遊びとしてより，ほんの数人で遊ぶ方が良いからです。レッスンの前後で遊べる状態なら，そこに必要なおはじき・お手玉などを置いておきましょう。また，家庭でもできる遊びですし，親子で遊ぶのはとても良いと思います。

4歳前半の始まり

日	鑑賞	文学	絵本	課業　10分	新曲	遊び　30～40分
	歌		昔話	3歳で遊んできた歌を歌う	しぐさ①	3歳の遊びの中から
		語呂合わせ		先週の歌から数人で歌う（数組）	2人組①	しぐさ①
		〃	物語	3歳で遊んできた歌を歌う	役交代①	しぐさ①2人組①
	歌	詩		先週の歌から数人で歌う（数組）	門くぐり①	しぐさ①2人組①役交代①
		〃	科学	3歳で遊んできた歌を歌う	（昔遊び）二重輪①	しぐさ①　2人組①→二重輪①役交代①門くぐり①
		語呂合わせ		先週の歌から数人で歌う（数組）2人組で歌う	勝負①	しぐさ①2人組①→二重輪①役交代①門くぐり①
	歌	〃	季節	3歳で遊んできた歌を歌う	歩き①練り歩き	二重輪①役交代①門くぐり①勝負①
		詩		先週の歌から数人で歌う（数組）	隊伍①	二重輪①役交代①門くぐり①勝負①歩き①

＊4歳は，ギャングエイジ。赤ちゃんの体型から，幼児の体型に変わる時期。身体バランスが急激に変わるので，なんとなく落ち着かない時期です。いっぱい全身を使って，エネルギーを上手に使う練習をしましょう。歩き一つも，しっかりと歩幅を広く歩けるように，足の付け根から足先までの全部を使って歩けるように，良いテンポと良い音高で遊びましょう。それを，少しずつ言葉で伝え，自分の意志でそれをしようとする積極性，その行為を大人も仲間も認め合える時間になると，素晴らしいですね。

＊鑑賞曲と，語呂合わせと，絵本は

①初めに鑑賞曲と絵本，終わりに語呂合わせ

②初めに絵本，終わりに鑑賞曲と語呂合わせ

③初めに鑑賞曲と語呂合わせ，終わりに絵本

　３つの組み合わせができます。基本のパターンを決め，組み合わせをコロ
コロ変えないことが大切です。語呂合わせと絵本は，同じ世界なので，一緒
にすると，相殺しあうので必ず初めと終わりに分けます。

＊課業は，とにかく歌いましょう。

　「歌いましょう」と一声かけて，教師はカルタをフラッシュカードのよう
に見せ，もう片方の手で膝で拍叩きをしながら歌います。どんどん歌いまし
ょう。子どもは，すぐ真似してきます。ただし，遊びの時とちがって，同じ
テンポになるでしょう。それでも，自然に速い曲や遅い曲が出てきます。そ
の変化を教師が，指導や誘導しないようにしましょう。その為には，初めは
多くの曲を歌い続けましょう。一回で終わりです。揃うまでなどと，繰り返
し歌うことはしません。

　次の週に同じことをすれば，多くの子ができて，自然に揃いだします。次
の週には，何も言わなくても子どもは拍叩きをしながら歌います。そうやっ
ていく中で，良く歌う子ができてきたら，「皆歌えるようになってきたから，
何人か出てきて歌わない？」と誘います。名乗り出てきた子２人でも数人で
も，歌ってもらいます。できない時には助け舟（ヒントを出す・そこのモチ
ーフだけ歌う）を出し，後は子どもだけにまかせましょう。どんな子にも，
できてもできなくても，勇気をもってしたことを称えて拍手しましょう。

　その次の週も，全員で歌った後に，同じ呼びかけでしてもらいます。重ね
ていって，全員が終わったら，２人組で好きな曲を歌うことを提案しましょ
う（１曲か２曲）。そうやって，どの子もが，人前で自分の好きな曲を歌え
たという，喜びと自信をもつようにしましょう。これが，音楽のもつ一つの
力，一つの目的です。

4歳後半の始まり

日	鑑賞	文学	絵本	課業 10分〜15分	新曲	遊び 35〜40分
	歌		昔話読み聞かせ	3歳の歌を歌う＋膝叩き 音声歌＋膝叩き	しぐさ③	
		語呂合わせ		先週と同じ＋交互唱	2人組⑤	しぐさ③
		〃	物語	3歳の歌を歌う＋膝叩き 音声歌＋膝叩き	役交代⑥	しぐさ③2人組⑤
	歌	詩		先週と同じ＋交互唱	門くぐり④	しぐさ③2人組⑤役交代⑥
		〃	科学植物	4歳の歌を歌う＋膝叩き 音声歌＋膝叩き	(昔遊び) 二重輪④	しぐさ③2人組⑤→二重輪① 役交代⑥門くぐり④
		語呂わ合せ		先週と同じ＋交互唱	勝負②	しぐさ③2人組⑤→二重輪① 役交代⑥門くぐり④
	歌	〃	季節植物	3回分の曲全部を 歌・音声＋膝叩きと交互唱	歩き⑤ 練り歩き	二重輪①役交代⑥門くぐり④勝負②
		詩		先週と同じ＋好きな曲選び,グループで発表①	隊伍①	二重輪①役交代⑥門くぐり④勝負②歩き⑤ (課業で時間をとるので，良く遊べている遊びを一つ抜いても良い)

＊4歳後半は，少しずつ，様々な課業を入れていきます。キチンと段階を踏んで進めましょう。

やってみて，8割以上の子ができれば次の段階に進んでみましょう。そうできない時は，もう一度同じ曲か違う曲でしてみましょう。計画通りにできることが目的でなく，子ども達の財産となる力をつけることが目的で

すから。少々遅れたって関係ありません。

＊クラスによって，様々な得て不得手があります。課業をするとそれが良く見えてきます。それをヒントに，遊びの計画を立て直したりしましょう。課業によって不得手を正そうとすると，何度もやり直しをするようなことになり，決して良い学びになりません。それよりも，遊びで不得手を解消できる工夫をしましょう。遊びの中での努力（繰り返しする）は楽しく面白いですし，子どもの身体と心に身に付いて，わらべうただけでなく，一生の財産になります。

５歳前半の始まり

日	鑑賞	文学	絵本	課業 10分～15分	新曲	遊び 35～40分
	歌		外国の昔話	４歳のカルタを数曲続けて歌う 言葉・音声＋膝叩き	勝負遊び① 個人戦	
	〃	語呂合わせ	物語	同上をした後，教師と交互唱	２人組①	勝負遊び①
	〃	〃	物語	同上の曲を，手で歌おう歌いながら	二重輪① 二重輪で始める	勝負遊び①２人組①
	歌		昔話①－1	同上の曲を歌いながら→手だけで歌う	役交代① （人当て）	勝負遊び①２人組①二重輪①
	〃	詩	昔話①－2	４歳のカルタを数曲続けて歌う② 言葉・音声＋膝叩き	隊伍①	２人組①二重輪①役交代①
	〃	〃	科学や季節	同上をした後，教師と交互唱		２人組①二重輪①役交代① 隊伍①

歌	鬼きめ	物語			
歌	鬼きめ①10の数	物語	同上の曲を，手で歌おう 歌いながら	歩き①	役交代①隊伍①
〃	〃	物語	同上の曲を歌いながら→手だけで歌う	門くぐり①	役交代①隊伍①歩き①
〃	語呂合わせ	外国の昔話	今までした歌を幾つかのグループに分かれてカルタ取り（リズム打ちで）	昔遊び①（まりつき）	隊伍①歩き①門くぐり①

＊鬼きめの中の，10の数の遊びは，基本的に見せる遊びです。一斉にする遊びでも群れてする遊びでもなく，一人で自分の速さで確認しながら遊ぶものです。紹介したら（2回以上繰り返して），したい子が自由に遊べるように，子どもの手が届く所に置いておきましょう。

＊絵本や語呂合わせなど5歳になったら外国の物も紹介しましょう。文化，自然，物事の捉え方，考え方，話の終わり方，など日本のものと多くの点で異なります。そして，日本のものばかり聞いてきた子と，外国の物語も聞いてきた子とは，明らかに何かが違ってくるようです。日本と異なる気候や土地，それに伴って変わる文化や衣装，行事などの絵が描かれている絵本も紹介しましょう。絵本でなく，読み聞かせも始めましょう。短かめの日本の昔話など多くの子が聴きやすいでしょう。

＊5歳になると身体もしっかりとして声も出るようになります。わらべうたカルタなどを使って，どんどん歌うことをしましょう。遊んできたものは，歌だけでも歌いましょう。歌だけであっても，遊びがしっかり入っていれば，心の中で身体がしっかり遊んでいます。そんな時，子どもの表情やテンポは，美しくなります。

＊歌を，リズムや音の世界として理解していくソルフェージュの準備として，手で歌う・音声で歌うを始めます。大人は，リズムや音をキチンと意識し

て，よりシンプルに，より美しく，手を叩き，モデルを示しましょう。一方子ども達は，謎解きやクイズのように，遊びとして楽しめるように。

＊わらべうたの遊びは長い曲がふえてきます。課業が長びいて，遊びの時間をけずるような，本末転倒にならないように気をつけましょう。５歳前半は，幼児の最後の時と思って，とにかく５歳になってこそできる様々な新しい遊びをいっぱいいっぱい体験させましょう。

＊昔遊びは，一度は皆の前で紹介します。しかし後は，技術的な遊びで個人差が大きいので自由遊びの中で，少人数で遊びましょう。早くできる子を介して，子ども達の中で広がっていくように。ある程度，皆ができた時に，取り上げて皆で一緒にするようなこともできますね。

そこで，次の段階を紹介しても良いですし，技術の差が大きい時は，できるグループに教えてもらうのも良いでしょう。

５歳後半の始まり

日	鑑賞・語呂合わせ	絵本	ドリル 5分 1モチーフ	課業 10分 （数曲ずつ）	新曲	遊び 35〜40分
	歌	物語シリーズ①	言葉変え① （手叩き）	歌＋拍叩き①	二重輪④	
	〃	続き	音変え①	交互唱＋ 拍叩き①	勝負③	二重輪④
	詩や語呂合わせ	続き	言葉変え② （手叩き）	手で歌う① 歌う→歌なし	役交代⑤	二重輪④勝負③
	〃	続き	音変え②	手で歌う① 交互唱 →歌なし交互叩き①	隊伍③	二重輪④勝負③役交代⑤
	歌	自然や科学	言葉変え③ （手叩き）	内聴（カルタの裏表で）①	昔遊び③ （なわ跳び）	二重輪④勝負③役交代⑤隊伍③

〃	物語のシリーズ②	音変え③	内聴（カルタの裏表で）①	門くぐり③	勝負③役交代⑤隊伍③
詩や語呂合わせ	続き		歌＋拍叩き②	一重輪①	役交代⑤隊伍③ 門くぐり③
〃	続き	言葉変え④（手叩き）	交互唱＋拍叩き②	隊伍④	役交代⑤隊伍③ 門くぐり③一重輪①

＊5歳の後半になると,

①遊びが長い曲が多くなること・絵本も長い物になること

②課業も少し長めになること・ドリルが始まること

などから, 鑑賞と語呂合わせは, 交互にとりいれ, 終わりにプレゼントのように, 歌ったり言ってあげたりする程度にしましょう。3歳から聴くことを積み重ねてきた子たちは, 聴く力が育ってきているので, 充分満足し, 覚えることもできるでしょう。

＊絵本も, 物語は読み聞かせに近い, シリーズものが聴けるようになってきます。「続きは来週ね」と何回かに分けて読んでも大丈夫でしょう。聴いた話をイメージとして覚える良い体験です。

＊ドリルはわらべうたの中の, 1つのモチーフ（4分音符4つ）を取り上げて, 2種類の遊びをします。

《ドリルについて》

「真似して」の一言で, モデルを示す。教師と子どもが, 同じ音楽の流れの中で, 応答としてできるように, 良いテンポと良いアインザッツ（拍を示す合図）で行う。

どんな時も, どれもが, 一曲の音楽としての流れの中で行われるように。教師がまず, 流れの中で言えるように練習してから, 子どもの前に立ちましょう。

①言葉変え（同じリズムの言葉＝リズムと言葉の意識化）必ずリズム叩きし

ながら音なしのトナエ

②音変え（同じ言葉・同じリズムで，音の高低のみ変える）

　どちらも，教師がどんどんモデルを示し，子どもは真似をします。

　少し慣れてきて，子どもが新しいものを提案した時は，即教師が真似して皆も真似します。

　リズム変えは，字数の合わない＝リズムに合わないものを提案した時は，その言葉のリズムを叩いて，「ちょっと違ったね」と合わないことを，本人にも他の子たちにもきちんと示しましょう。

　音変えは難しいので，提案して音があやふやな時には，その子が歌おうとした音を考えて「こう歌ったのかな？」と正しい音程で真似してあげ，皆で真似ましょう。

③交互唱＝モチーフは，最も小さな音楽，音楽の出発点，基本です。この４分音符４つを，一塊の音楽と感じることで，学童からのソルフェージュ（音楽の読み書き）が可能になります。

　ですから常に，膝叩き＝拍叩きをしながら歌います。リズム叩きは，手叩きでします。

　拍とリズムの区別は，最初からはっきりと示しましょう。モデルを示す時は，意識しましょう。教師がごっちゃに叩くと，子どもは何をしているのか解らず混乱してしまいます。

　そうなりますと，学童になって拍とリズムの違いを学ぶ時に混乱してしまいます。

＊遊びは，３歳の時のように必ず６週やる必要はなくなっていると思います。

　ただ遊びによって様々な動きやルールが難しくて，全員が楽しく遊べるのに回数が必要な時は，７週８週やっても良いですが，本来はそんなに時間がかかる遊びは，その前の段階の遊びが充分理解できていない，ということです。前の段階の遊びに戻ってした方が，子ども達は楽しめるかもしれませんね。

遊びの分類別索引 《掲載本は p.177参照》

曲名のあとの数字は，掲載されている本（「わらべうた遊びの分類表」(p.12～25) と共通）の番号です。

★歩きの遊び（理論編 p.63〜65）

★昔遊び（理論編 p.99〜103）

①コダーイ芸術教育研究所著『新訂　わらべうたであそぼう』（明治図書）

　乳児のあそび・うた・ごろあわせ　年少編　年中編　年長編

②コダーイ芸術教育研究所著『いっしょにあそぼう　わらべうた』（明治図書）

　０・１・２歳児クラス編　３・４歳児クラス編　５歳児クラス編

③畑玲子・知念直美・大倉三代子著『幼稚園・保育園のわらべうたあそび』（明治図書）

　春夏編，秋冬編

④カタリン著，知念直美編，畑玲子訳『わらべうた・音楽の理論と実践』（明治図書）

　※絶版

⑤(1)たかぎ　としこ編著『わらべうた実践集　うめぼしすっぱいな』（自費出版）

　(2)たかぎ　としこ著『わらべうたですくすく子育て　みんないっしょにうたって遊ぼう

　　「うめぼしすっぱいな」』（明治図書）

　(3)たかぎ　としこ著『わらべうたでいきいき保育　一年中うたって遊ぼう「いろはにこんぺ

　　いとう」』（明治図書）

　⇒(1)うめぼしすっぱいな(2)すくすく子育て(3)いきいき保育

⑥木村はるみ・蔵田友子著『うたおうあそぼうわらべうた』（雲母書房）

☆本澤陽一著『わらべうたによる合唱曲集１』（東京わらべうた）

あいうえお順索引（上・下巻並記）《掲載本は遊びの分類別索引参照》

遊びの種類表示

フ＝ファンタジー遊び　　鬼＝鬼きめ　　し＝しぐさ遊び　　歩＝歩きの遊び

昔＝昔遊び　　（鑑賞曲と文学については，遊びの分類別索引にのみ掲載）

役＝役交代　　門＝門くぐり　　勝＝勝負遊び　　隊＝隊伍を組んで

★ おわりに ★

　乳児の時代に，わらべうたを通して五感を開かれ，愛着関係が育ち，日々の生活を活き活きと過ごし出した子ども達は，幼児期のこの3年で自分の身体を使って，いっぱい遊んだでしょうか？　幼児期を卒業する時，門くぐりの門を意気揚々とくぐり抜けるように，次の世界へ進んでいったでしょうか？　ＡＡミルンの詩のように「The End」「僕　できあがり」と。

　佐賀に来て43年。「わらべうた」を通して，本当に多くの方々と出会いました。保育士さん，音楽の先生，素話の方，子育て支援の方，子ども劇場の方。佐賀だけでなく，日本のあちこちでわらべうたを伝えている方々。

　わらべうたについて，子どもについて，子どもの環境である社会について，音楽について。時には，感動したり気になった映画や本や美術や行事や季節の変化も。1人の大人として，どうあるべきか，いっぱい学び合いました。楽しみました。

　コダーイ音楽教室に通ってきた，子ども達。お母さん達。子ども達は，わらべうたの一番の教師でした。どれだけ多くのことを気付かされ，考えさせられ，教えられたことか。お陰で，ずっとわらべうたを続けてこられ，こうやって一つの実りができました。頂いた実りは，種となってきっと，次の子ども達に届けられるでしょう。若い方たちに，バトンタッチします。

　偶然の出会いから，本出版の担当者となり，色々と細かいことで頑張る私を受け入れ，作り上げて下さった明治図書出版の，及川誠さんと杉浦佐和子さんに，イラストを描いてくれためぐみに心からの感謝を捧げます。

　また，時間に追い立てられる日々を，支えてくれた家族に，感謝です。

　わらべうた　世界に満ちて　平和へと　　　　　　　祈りをこめて

　　　　　　　　　　　　　　　　　　　　　　　十時やよい

【著者紹介】

十時　やよい（ととき　やよい）
桐朋女子高校音楽科・桐朋学園大学演奏学科ピアノ専攻卒業後
福岡でコダーイを学ぶ。1980年に佐賀で音楽教室を始め，佐賀
コダーイ芸術教育研究会を設立。Ugrin Gábor・Arany János・
Rozgonyi Éva・Kocsárné Herboly Ildikó・陣内直氏を招いて
のソルフェージュ・合唱セミナーを毎年開催。

ピアノ教育の教材と方法論「メヌエット」，ピアノ教師の演奏
グループ「Sinfonia ひびき」，弦楽教師中心のアンサンブル演
奏グループ「Corda vuota」などの各種教師の勉強会設立。

「日本コダーイ協会全国大会 in 佐賀 '97」実行委員長。
元日本コダーイ協会理事・国際コダーイ協会会員。
佐賀コダーイセンター主宰。
「佐賀わらべうたセミナー」「佐賀保育セミナー」主催。
2008年佐賀県芸術文化功労賞受賞。
[著書]
『実践と理論に基づく「わらべうた」から始める音楽教育
乳児の遊び編』（明治図書）
『実践と理論に基づく「わらべうた」から始める音楽教育
幼児の遊び　理論編』（明治図書）
『実践と理論に基づく「わらべうた」から始める音楽教育
幼児の遊び　実践編　上巻』（明治図書）

イラスト：福永めぐみ

実践と理論に基づく

「わらべうた」から始める音楽教育
幼児の遊び 実践編 下巻

2023年9月初版第1刷刊　©著　者　十　　時　　や　よ　い
発行者　藤　原　光　政
発行所　明治図書出版株式会社
http://www.meijitosho.co.jp
(企画)及川　誠　(校正)杉浦佐和子・関沼幸枝
〒114-0023　東京都北区滝野川7-46-1
振替00160-5-151318　電話03(5907)6703
ご注文窓口　電話03(5907)6668

＊検印省略　　　　　　　組版所　藤　原　印　刷　株　式　会　社

Printed in Japan　　　　　　　ISBN978-4-18-322221-3
もれなくクーポンがもらえる！読者アンケートはこちらから